ARKANA

Buch

In seiner jahrzehntelangen praktischen Tätigkeit entwickelte der spirituelle Meister Osho spezielle Meditationstechniken, die es selbst unter Stress und emotionalem Druck ermöglichen, innere Ruhe zu bewahren. Der Band stellt diese Techniken vor. Sie wurden zum Teil aus Oshos Sitzungen zusammengetragen und zum Teil seinen Vorträgen entnommen. Der Leser findet in dieser Sammlung Meditationsübungen für die kleinen und großen Krisen des täglichen Lebens. Er lernt Stress zu bewältigen, Stimmungen zu beeinflussen, Beziehungsprobleme zu lindern und sein Liebespotenzial zu stärken. Poetische Texte aus den von Osho gelehrten spirituellen Traditionen des Sufismus, Buddhismus und Taoismus helfen den Übenden weiter auf ihrem Weg.

Autor

Osho (Bhagwan Shree Raijneesh)ist einer der bekanntesten und provokativsten spirituellen Lehrer des zwanzigsten Jahrhunderts. Er wurde 1931 in Indien geboren. Im Alter von 21 Jahren erlebte er eine Erleuchtung. Bevor er als spiritueller Lehrer hervortrat, unterrichtete er Philosophie an der Universität von Jabalpur, Indien. Seit den siebziger Jahren war er ein Anziehungspunkt für junge Menschen aus den hoch entwickelten Industrieländern, die auf ihrer Suche nach einem neuen Sinn Erfahrungen von Meditation und Transformation machen wollten. Über ein Jahrzehnt nach seinem Tod im Jahre 1990 breitet sich der Einfluss seiner Lehren weiter aus und erreicht Sucher aller Altersgruppen in buchstäblich jedem Land der Welt. Osho bietet keine Lösungen oder Dogmen an, sondern gibt den Menschen, die sich selbst verwirklichen wollen, einfache Werkzeuge in die Hand, die sie für sich im Alltagsleben anwenden können. »Die Antwort ist in dir. Ich mache dich nur auf dein inneres Potenzial aufmerksam.«

Bei Goldmann sind von Osho bereits erschienen:

Emotionen (21560)
Mann und Frau (13280)
Tantra (21520)
Meditation (21521)
Weibliches Bewusstsein – weibliche Erfahrung (21562)
Liebe, Freiheit, Alleinsein (21599)
Meditationsführer (21609)
Osho Buddha Box (Medidationskarten mit Begleitbuch; 33708)
Body-Mind Balancing (Buch mit CD; 21662)

OSHO

Was kann ich tun?

101 einfache Methoden, um Stress und emotionale Probleme zu lindern

Aus dem Amerikanischen
von Annette Marin Cardenas

ARKANA
GOLDMANN

Zusammengefasst aus Textausschnitten verschiedener Werke
von Osho
Veröffentlicht mit Genehmigung der Osho International Foundation
Bahnhofstraße 52, 8001 Zürich, Schweiz

Umwelthinweis:
Alle bedruckten Materialien dieses Taschenbuches
sind chlorfrei und umweltschonend.

Originalausgabe Februar 2002

Umschlaggestaltung: Design Team München
Umschlagfoto: Premium/E.Chauche
Porträt von Osho auf der Rückseite:
Osho International Foundation
Satz/DTP: Martin Strohkendl, München
Druck: Elsnerdruck, Berlin
Verlagsnummer: 21561
Redaktion: Zeol Welcker
WL · Herstellung: WM
Made in Germany
ISBN 3-442-21561-7
www.goldmann-verlag.de

3. Auflage

INHALT

Vorwort

Vor einigen Jahren las ich ein Buch mit dem Titel »Du musst dich entspannen!« Ein ziemlich absurder Titel, denn ein »Muss« ist gegen Entspannung. Aber solche Bücher verkaufen sich eben in Amerika! Müssen bedeutet Aktivität, ist zwanghaft. Hinter jedem Müssen verbirgt sich Zwanghaftigkeit. Handlungen gibt es viele im Leben, aber »man muss« eigentlich gar nichts, sonst treibt einen das Müssen zum Wahnsinn. »Du musst dich entspannen!« Nun ist sogar die Entspannung zwanghaft geworden. Du musst diese und jene Stellung einnehmen und dich hinlegen und dem Körper von Kopf bis Fuß etwas einreden, den Zehen sagen, sie sollen sich entspannen und dann nach oben gehen …

Warum »muss« man denn? Entspannung kommt nur, wenn man im Leben nichts mehr »muss«. Und Entspannung heißt nicht nur Entspannung des Körpers und auch nicht nur des Geistes, sie umfasst dein ganzes Sein.

Die moderne Welt, der moderne Geist kennt nur den leeren Tempel. Man hat völlig denjenigen vergessen, dem der Tempel geweiht ist. So beten wir ständig den Tempel an, doch der Gott darin ist vergessen. Da wir keine Ahnung haben, was das Zentrum des Lebens ist, bewegen wir uns noch an der Peripherie und verlieren uns darin.

Dem Körper gebührt Ehre nicht um seiner selbst willen. Er ist nur der Gastgeber. Die Ehre gebührt dem Gast. Vergisst man den Gast, ist es schiere Schwelgerei. Erinnert man sich an den Gast, dann ist es Gottesdienst, wenn man seinen Körper liebt und ihn genießt.

Der Osten hat eine großartige Sichtweise. In dieser Sichtweise ist der Körper die unterste Ebene, die am ehesten greifbar ist. Doch er ist nicht alles. Er ist nur der Anfang. Man tritt durch ihn ein; er ist einfach ein Tor. Er führt dich in die tieferen Geheimnisse ein. Im Osten hat man den Körper geschätzt, da er ein Vehikel ist. Durch den Körper kann man das erfahren, was darin verkörpert ist, was nicht der Körper selbst ist. Der Körper ist eine irdene Lampe, und Gott ist die Flamme. Die Lampe wird wegen der Flamme verehrt. Wenn die Flamme fort ist, wer verehrt dann noch den Körper, wer genießt den Körper? Dann ist er nichts; dann ist er Staub zu Staub; er kehrt zur Erde zurück.

Der Körper bebt mit Gott, pulsiert mit Gott. Wenn du dieses Pulsieren erkennen kannst, wird selbst der Staub göttlich. Kannst du es nicht erkennen, dann ist er einfach Staub. Er birgt keinen tieferen Sinn.

Die Verherrlichung des Körpers im Westen ist ohne Sinn. Deshalb drängen immer mehr Menschen nach gesunder Ernährung, wollen Massagen, Rolfing und versuchen auf tausendfache Weise, ihrem Leben einen Sinn zu geben. Aber schaut man ihnen in die Augen, findet man eine große Leere. Man sieht, dass ihnen etwas fehlt. Es fehlt der Duft; die Blume ist nicht aufgeblüht. Tief im Innern sind sie wie eine Wüste, sind verloren und wissen nicht, was sie mit sich anfangen sollen. Sie tun eine Menge für ihren Köper, aber sie verfehlen das Ziel.

Ich habe neulich Folgendes gehört:

Rosenfeld kommt mit einem Grinsen auf dem Gesicht nach Hause. »Du wirst nie erraten, was für ein gutes Geschäft ich heute gemacht habe«, sagt er zu seiner Frau. »Ich habe vier Hochleistungs-Polyester-Weißwand-Stahlgürtelreifen gekauft – sehr günstig im Ausverkauf!«

»Bist du übergeschnappt?«, sagt seine Frau. »Wozu kaufst du Reifen? Du hast doch gar kein Auto!«

»Na und?«, sagt Rosenfeld. »Du kaufst dir doch auch Büstenhalter, oder?«

Wenn das Zentrum fehlt, kannst du die Peripherie immer weiter schmücken, kannst vielleicht andere damit täuschen, aber du wirst nie erfüllt sein. Manchmal kannst du sogar dich selbst damit täuschen, weil selbst die eigenen Lügen, wenn man sie oft genug wiederholt, nach einer Weile wie die Wahrheit aussehen. Aber es kann dir keine Erfüllung, keine Zufriedenheit geben.

Der Westen strengt sich gewaltig an, das Leben zu genießen, aber es scheint wenig Freude zu geben. Der Osten bemüht sich gar nicht darum, das Leben zu genießen. Es gibt dort keine Anstrengung; man genießt es einfach. Dabei gibt es nicht vieles, was man genießen könnte. Selbst ein Bettler auf der Straße hat eine Ahnung vom Inneren; eine Art Leuchten von einer unbekannten Quelle umgibt ihn. Seine Lieder sind nicht einfach Lieder, etwas Jenseitiges kommt darin zum Ausdruck. Wenn er tanzt, bewegt sich nicht nur sein Körper; etwas Tieferes bewegt ihn. Er bemüht sich nicht zu genießen.

Das sollte man sich merken: Jeder Versuch zu genießen verfehlt das Ziel. Jeder Versuch glücklich zu sein geht am Glück vorbei. Das Streben nach dem Glück ist in sich absurd, denn das Glück ist hier. Man kann nicht danach streben. Man braucht nichts dazu zu tun, man braucht es nur zuzulassen. Es ist bereits da; es ist überall um dich herum, innen und außen. Es gibt nur Glück. Alles andere ist nicht wirklich. Beobachte, schau dir die Welt einmal genau an: Bäume, Vögel, Steine, Flüsse; schau dir die Sterne an, den Mond und die Sonne, Menschen und Tiere – schau genau hin. Der Stoff, aus dem die Existenz gemacht ist, ist Glück, ist Freude. Sie besteht aus purer Seligkeit. Man kann nichts dafür tun. Dein Tun ist vielleicht gerade das, was es verhindert. Entspanne dich, und du wirst davon erfüllt. Entspanne dich, und du wirst davon überrannt, überwältigt.

Der Osten ist entspannt; der Westen ist angespannt.

Spannung entsteht, wenn man etwas nachjagt.

Entspannung kommt, wenn man etwas zulässt.

Deshalb behaupte ich, es gibt einen gewaltigen Unterschied, und der Unterschied ist qualitativ. Es ist keine Frage der Quantität – dass der Osten mehr hätte als der Westen, oder die Amerikaner weniger hätten als die Inder. Nein, die Amerikaner haben gar nicht diese Art von Glücklichsein, wie sie die Inder haben. Und was die Amerikaner haben – diese Art des Unglücklichseins, der Anspannung, des Leidens, die Neurosen – das haben Inder nicht. Sie leben in einer ganz anderen Dimension.

Die Dimension des Ostens ist »Hier-Jetzt«. Die Dimension des Westens ist immer woanders: »Dann-Dort«, aber nie »Hier-Jetzt«. Der westliche Geist ist auf der Jagd, ist immer hinter etwas her, versucht immer, etwas aus dem Leben herauszuholen, bemüht sich, alles aus dem

Leben herauszupressen. Man kann jedoch das Leben zu nichts zwingen, man muss sich ihm hingeben. Man kann das Leben nicht erobern. Man muss den Mut aufbringen, sich vom Leben besiegen zu lassen. In diesem Fall ist der siegreich, der sich ergibt. Und wer um den Sieg kämpft, wird eine endgültige und gründliche Niederlage erleiden.

Das Leben kann nicht besiegt werden, denn der Teil kann nicht das Ganze besiegen. Es ist so, als wolle der kleine Tropfen versuchen, das Meer zu besiegen. Ja, der kleine Tropfen kann ins Meer fallen und dadurch zum Meer werden, aber er kann das Meer nicht erobern. So erobert man es ja, indem man sich ins Meer fallen lässt, einfach hineingleiten lässt.

Löse dich selbst auf.

Was ich damit sagen möchte: Der Westen bemüht sich darum, Glück zu finden. Deshalb ist man dort so übermäßig um den Körper besorgt. Es ist fast zwanghaft geworden. Es geht weit über die Grenzen von Sorgsamkeit hinaus. Die Leute sind wie besessen davon: Sie denken ständig über den Körper nach, tun dies und das und alles Mögliche. Sie bemühen sich, durch den Körper Kontakt mit dem Glück zu bekommen. Das ist unmöglich.

Der östliche Mystiker hat den Kontakt. Er hat das Glück bereits in sich selbst erkannt. Er hat den Körper genau betrachtet, und zwar nicht durch Massagen oder Rolfing oder Saunabäder. Er hat mit Liebe und Meditation den Körper betrachtet und erkannt, dass dort der Schatz verborgen ist – im Körper. Deshalb ehrt man seinen Körper, deshalb kümmert man sich um seinen Körper, denn der Körper trägt das Göttliche in sich.

Habt ihr schon einmal beobachtet, wie eine Frau geht, wenn sie schwanger ist? So sorgsam, denn sie ist der Schrein für ein neues Leben. Habt ihr bemerkt, wie sich der Gesichtsausdruck einer Frau verändert, wenn sie schwanger ist? Ihr Gesicht leuchtet, ist hoffnungsvoll und pulsiert mit neuer Lebendigkeit, neuen Möglichkeiten. Sie trägt einen Schatz, einen großen Schatz. Durch sie wird ein neues Leben entstehen. Sie geht sorgsam, bewegt sich sorgsam. Sie ist anmutiger geworden, weil sie schwanger ist. Sie ist nicht mehr allein; ihr Körper ist zum Tempel geworden. Dies nur zum Verständnis: Im Osten sind wir schwanger mit dem Göttlichen.

Außerdem ist der Westen vom Konkurrenzgeist beherrscht. Es kann gut sein, dass du deinen Körper nicht wirklich liebst, sondern nur mit den anderen konkurrierst. Weil die anderen irgendwelche Dinge tun, musst du sie auch machen. Der westliche Geist ist so verflacht und ehrgeizig, wie er es noch nie zuvor in der Weltgeschichte war. Es ist ein sehr primitives weltliches Denken. Deshalb ist in Amerika der Geschäftsmann zur höchsten Realität geworden. Alles andere ist in den Hintergrund getreten. Der Geschäftsmann, der Mann, der das Geld kontrolliert, ist die einzig anerkannte Realität.

Geld ist der Bereich, wo der Konkurrenzkampf am größten ist. Man braucht keine Kultur mehr zu haben, man braucht nur noch Geld zu haben. Man braucht nichts von Musik zu verstehen oder von Poesie. Man braucht nichts von klassischer Literatur, von Religion oder Philosophie zu verstehen – nein, man braucht gar nichts zu wissen. Wer ein dickes Bankkonto hat, ist wichtig.

Deshalb sage ich: Dieser Geist ist so abgeflacht wie nie zuvor. Und dieser Geist hat alles zum Kommerz gemacht. Dieser Geist ist ständig im Konkurrenzkampf. Selbst wenn du dir einen Van Gogh oder einen Picasso kaufst, kaufst du ihn nicht wegen Picasso. Du kaufst ihn, weil ihn die Nachbarn gekauft haben. Sie haben einen Picasso im Wohnzimmer hängen, also kannst du es dir nicht leisten, keinen zu haben. Du musst einen haben! Auch wenn du nichts davon verstehst oder gar nicht weißt, wie man ihn aufhängt – welche Seite wohin gehört. Bei einem Picasso ist es nämlich schwierig herauszufinden, ob das Bild kopfüber nach unten oder richtig herum hängt. Wahrscheinlich weißt du nicht einmal, ob es ein echter Picasso ist oder nicht. Vielleicht schaust du es überhaupt nicht an, aber weil andere so etwas haben und darüber reden, musst du beweisen, dass du Kultur hast. Dabei beweist du nur, dass du Geld hast. Je mehr etwas kostet, desto wichtiger ist es. Alles was teuer ist, gilt als bedeutungsvoll.

Geld und die Nachbarn scheinen die einzigen Kriterien für Entscheidungen zu sein – ihr Auto, ihr Haus, ihre Bilder, ihre Inneneinrichtung. Man baut sich eine Sauna ins Bad ein, nicht weil man etwas für seinen Körper tun will, das ist nicht nötig, sondern weil es »in« ist: Jeder hat doch eine Sauna! Wer keine hat, sieht arm aus. Wenn jeder eine Hütte in den Bergen hat, musst du auch eine haben. Vielleicht weißt du in den Bergen gar nichts mit dir anzufangen und es ist dir dort nur langweilig. Oder du nimmst deinen Fernseher und das Radio mit, damit du dort auch alle Programme hören und sehen kannst wie zu Hause. Was macht es dann noch für einen Unterschied, ob du in den Bergen sitzt oder zu Hause? Aber die anderen machen es auch. Man braucht unbedingt eine Garage für vier Autos – die anderen haben auch eine. Auch wenn man keine vier Autos braucht.

Der westliche Geist ist im ständigen Konkurrenzkampf. Der östliche Mystiker ist außer Konkurrenz. Es ist ein Aussteiger. Er sagt: »Es kümmert mich nicht, was andere tun. Mich kümmert nur, was ich bin. Es kümmert mich nicht, was andere haben. Mich kümmert nur, was ich habe.«

Erkennt man einmal die Tatsache, dass man ganz glückselig leben kann, ohne viele Dinge haben zu müssen, was kümmert es einen dann noch?

Ich habe neulich gehört:

Der alte Luke und seine Frau waren weit und breit als das geizigste Paar im Tal bekannt. Schließlich starb der alte Luke, und ein paar Monate später lag auch seine Frau im Sterben. Sie rief die Nachbarin zu sich und sagte mit schwacher Stimme: »Ruthie, begrabt mich in meinem schwarzen Seidenkleid. Aber schneide vorher ja den Rücken aus dem Kleid raus und mach daraus ein neues Kleid. Das ist nämlich ein guter Stoff, und ich will ihn nicht verschwenden.«

»Aber das kann ich doch nicht machen«, meinte Ruthie. »Wenn du und Luke die goldene Treppe rauf geht, was werden denn die Engel sagen, wenn du ein Kleid ohne Rücken anhast?«

»Ach, die werden gar nicht hinschauen«, sagte sie. »Ich hab Luke ohne seine Hose begraben!«

Es geht immer um den anderen. Luke wird keine Hose anhaben, also werden alle auf ihn schauen. Im westlichen Denken ist man immer um die anderen besorgt.

Der östliche Mystiker ist nur um sich selbst besorgt. Er kümmert sich nicht um deine Biografie. Er lebt auf der Welt, als wäre er allein. Er bewegt sich auf der Erde, ohne sich um die Meinung der anderen zu kümmern. Er lebt sein Leben, kümmert sich um seine Dinge, um das Sein. Und natürlich ist er glücklich wie ein Kind. Sein Glück ist ganz einfach, unschuldig. Es ist nicht manipuliert, nicht gemacht. Es ist einfach die Essenz, das Grundlegende – wie bei einem Kind.

Beobachte einmal ein Kind, wie es rennt, schreit, tanzt – ohne jeden Grund, denn es hat gar nichts. Fragst du es: »Warum bist du so glücklich?«, wird es nicht in der Lage sein, dir zu antworten. Es wird denken, dass du nicht ganz richtig im Kopf bist. Braucht man denn einen Grund, um glücklich zu sein? Es wird sich nur wundern, dass jemand »Warum?« fragt. Es wird die Achseln zucken, seiner Wege gehen und wieder anfangen zu singen und zu tanzen. Das Kind hat nichts. Es ist noch nicht Ministerpräsident, es ist nicht Präsident der Vereinigten Staaten, es ist kein Rockefeller. Es besitzt nichts – vielleicht ein paar Muscheln oder ein paar Steine, die es am Strand gesammelt hat. Das ist alles.

Im Osten ist das Leben nicht vorbei, wenn es zu Ende ist. Im Westen ist es vorbei, wenn das Leben zu Ende ist. Wenn der Körper vergeht, ist es mit dem westlichen Menschen vorbei. Deshalb haben die Menschen im Westen so viel Angst vor dem Tod. Wegen der Todesangst versuchen die Männer und Frauen im Westen mit allen Mitteln, das

Leben zu verlängern, manchmal auf absurde Weise. Es gibt heute viele Menschen, die in Krankenhäusern und psychiatrischen Anstalten nur noch vor sich hin vegetieren. Sie sind nicht mehr am Leben; sie sind schon lange tot. Sie werden nur noch von den Ärzten durch Medikamente und Maschinen am Leben gehalten. Irgendwie klammern sie sich weiter fest.

Die Angst vor dem Tod ist ungeheuer groß: Ist man mal weg, ist man für immer weg. Denn im Westen kennt man nur den Körper, sonst nichts. Wer nur den Körper kennt, ist sehr arm dran. Erstens hat man dann immer Angst vor dem Tod, und wer Angst vor dem Sterben hat, hat auch Angst vor dem Leben. Leben und Tod gehören ja so zusammen, dass du auch Angst vor dem Leben bekommst, wenn du den Tod fürchtest. Es ist das Leben, das den Tod mit sich bringt. Wenn du den Tod also fürchtest, wie kannst du dann das Leben lieben? Die Angst wird immer da sein. Da das Leben den Tod in sich birgt, kannst du es nicht total leben. Wenn Tod bedeutet, dass alles vorbei ist, wenn das deine Vorstellung und Überzeugung ist, dann bist du in deinem Leben ständig in Eile und auf der Jagd. Da der Tod kommt, kannst du nicht geduldig sein. Deswegen herrscht im Westen dieser Geschwindigkeitswahn: Alles muss schnell gehen, denn der Tod kommt immer näher, und man muss noch so viel wie möglich schaffen, bevor man stirbt. Man muss sein Dasein mit so vielen Erfahrungen wie möglich voll stopfen, bevor man stirbt, denn ist man mal tot, dann ist man tot.

Dadurch entsteht ein Gefühl von großer Sinnlosigkeit, und natürlich auch innere Qual und Ängstlichkeit. Wenn es nichts gibt, was den Körper überlebt, dann hat alles, was man tut, keine Tiefe. Dann kann einen nichts befriedigen. Wenn der Tod das Ende ist und nichts überlebt, dann kann das Leben weder Sinn noch Bedeutung haben. Dann ist das Leben nur eine Geschichte, erzählt von einem Narren, voller Tollheiten und voller Lärm, ohne dass es irgendetwas zu bedeuten hat.

Im östlichen Denken weiß man, dass man im Körper ist, aber nicht der Körper ist. Man liebt den Körper, denn man wohnt darin. Er ist das Haus, das Heim. Man ist nicht gegen den Körper, denn es ist töricht, gegen sein Zuhause zu sein, aber man ist nicht Materialist. Man ist realistisch, aber kein Materialist. Man weiß, dass im Tod nichts stirbt. Der Tod kommt, aber das Leben geht weiter.

Ich habe neulich gehört:

Nach dem Begräbnis begegnet Desmond, der Bestattungsunternehmer, einem älteren Herrn.

»Sind Sie verwandt mit dem Verstorbenen?«, fragt der Leichenbestatter.

»Jawohl«, antwortet der alte Herr.

»Wie alt sind Sie denn?«

»Vierundneunzig.«

»Hm«, meint Desmond. »Das lohnt sich ja kaum mehr für Sie, jetzt noch die Heimreise anzutreten.«

Es geht nur um das körperliche Leben. Mit vierundneunzig ist es doch vorbei. Da lohnt es sich doch nicht mehr, nach Hause zu gehen, da stirbt man doch besser gleich! Wozu der Aufwand? Du musst ja wieder kommen. Das lohnt sich kaum. Wenn der Tod die einzige Realität ist, dann kann man vierundneunzig oder vierundzwanzig sein – was ist schon der Unterschied? Der Unterschied besteht nur aus einigen Jahren. Dann fühlen sich schon die ganz Jungen alt, und schon das Kind fühlt sich tot. Wenn man meint, dass dieser Körper das einzige Leben sei, was soll dann das Ganze? Warum damit weitermachen?

Camus hat geschrieben, dass der Mensch nur ein einziges metaphysisches Grundproblem hat: den Selbstmord. Ich stimme ihm zu. Wenn der Körper die einzige Realität ist, und es nichts in uns gibt, was über den Körper hinaus geht, dann ist dies natürlich das Wichtigste, was es zu erwägen gibt, worüber man brüten und meditieren kann: Warum soll man nicht gleich Selbstmord begehen? Wozu warten, bis man vierundneunzig ist? Und wozu soll man sich auf dem Weg mit allen möglichen Problemen herumschlagen und unglücklich sein? Wenn man sowieso stirbt, warum nicht gleich heute? Wozu soll man morgen früh noch aufstehen? Es kommt einem sinnlos vor.

Einerseits rennt also der westliche Mensch ständig von einem Ort zum anderen, um irgendwie etwas zu erleben, um ja keine Erfahrung zu verpassen. Er jagt um die Welt, von einer Stadt zur anderen, von einem Land ins andere, von einem Hotel zum anderen. Er rennt von einem Guru zum anderen, von einer Kirche in die andere – ständig auf der Suche, denn der Tod kommt bestimmt. Einerseits ist es also eine ständige wilde Jagd, und andererseits sitzt tief darunter die Befürchtung, dass alles sinnlos ist – denn der Tod macht mit allem ein Ende. Ob du nun ein reiches Leben oder ein armes Leben geführt hast, ob du intelligent warst oder nicht intelligent, ob du ein großartiger Liebhaber warst oder ein Versager – was macht es schon aus? Letztendlich kommt der Tod und macht alle gleich – den Klugen und den Narr, die Weisen und die Sünder, die Erleuchteten und die Dummen – sie alle kommen unter die Erde und verschwinden. Was ist dann der Sinn des Ganzen? Ob es nun ein Buddha, ein Jesus oder ein Judas ist – was macht den Unterschied aus? Jesus stirbt am Kreuz, und Judas bringt sich am nächsten Tag um. Beide verschwinden unter der Erde.

Andererseits hat man Angst, dass man versagt hat und andere es schaffen. Und es ist auch immer die Befürchtung da, dass es, selbst wenn man es schafft, alles nichts bringt. Selbst wenn man ankommt, kommt man irgendwo an, weil der Tod kommt und alles zerstört.

Der östliche Mystiker lebt in seinem Körper, liebt seinen Körper und feiert ihn, doch er ist nicht der Körper. Er weiß, was die Essenz des Menschen ist. Er weiß, dass es etwas an ihm gibt, was jeden Tod überlebt. Er weiß, dass es etwas an ihm gibt, was ewig ist und was die Zeit nicht zerstören kann. Dies hat er durch Meditation, Liebe und Gebet erfahren. Dies hat er in seinem eigenen Sein erfahren. Er hat keine Angst. Er hat keine Angst vor dem Tod, da er weiß, was Leben ist. Und er jagt dem Glück nicht hinterher, denn er weiß: Gott gibt ihm Millionen von Gelegenheiten dazu – er muss sie nur zulassen.

Kannst du nicht sehen, wie die Bäume in der Erde verwurzelt sind? Sie können nirgendwo hingehen und sind doch glücklich. Sie können dem Glück nicht hinterher laufen, sie können sich jedenfalls nicht auf die Suche nach dem Glück machen. Sie sind im Boden verwurzelt, sie können sich nicht bewegen. Kannst du nicht sehen, wie glücklich sie dennoch sind? Kannst du nicht sehen, wie sehr sie sich freuen, wenn es regnet, wie zufrieden sie sind, wenn der Wind sie hin und her schüttelt? Kannst du nicht spüren, wie sie tanzen?

Forscher haben festgestellt, dass ein Baum glücklich ist und sich freut, wenn der Gärtner kommt, der den Baum auch liebt. Wenn du einen Baum magst und nahe zu ihm hinkommst, freut er sich so,als ob sein bester Freund gekommen wäre. Es gibt heute wissenschaftliche Geräte, mit denen man feststellen kann, ob ein Baum glücklich ist oder nicht. Er vibriert in verschiedenen Rhythmen. Wenn ein Feind kommt, ein Holzfäller oder ein Schreiner, ist der Baum nur im Aufruhr, verstört und verängstigt. Und wenn ein Baum gefällt wird, dann fangen die anderen Bäume, so sagen die Wissenschaftler heute, alle an zu weinen und zu trauern. Wenn man also einen Baum fällt, dann weint und schreit nicht nur dieser Baum, sondern auch alle anderen Bäume in der Umgebung schreien und weinen. Und das ist nicht nur mit Bäumen so, sondern auch wenn man einen Vogel tötet, fangen die Bäume an zu weinen – feine Tränen, tiefe Qual und Agonie breiten sich aus. Sie sind jedoch verwurzelt. Sie gehen nirgendwo hin. Und doch kommt das Leben zu ihnen.

Das ist das Verständnis des Ostens: Man braucht nirgendwo hinzugehen. Selbst wenn man nur unter einem Baum sitzt, wie es mit Buddha geschah, ist Gott selbst zu ihm gekommen. Man schafft sich so viele Hindernisse, und das größte Hindernis, das man sich schaffen kann, ist diese Jagd. Weil du ständig herumjagst und rennst, kann dich das Leben, wenn es kommt und an deine Tür klopft, dort nie finden. Du bist immer woanders. Wenn das Leben bei dir ankommt, bist du schon wieder weg. Du warst in Kathmandu, und wenn das Leben Kathmandu erreicht, bist du in Goa. Wenn du in Goa bist und das Leben irgendwie dorthin kommt, bist du in Poona. Und wenn das Leben in Poona angekommen ist, bis du in Philadelphia. Du jagst ständig hinter dem Leben her, und das Leben jagt hinter dir her, aber treffen werdet ihr euch nie.

Zu sein – darum geht es. Sei einfach nur. Und warte. Und sei geduldig.

Einleitung: Was kann ich tun?

Einfache Methoden, um die Schwierigkeiten des Alltagslebens zu meistern

Diese Sammlung enthält einfache Meditationstechniken, zwanglose Methoden und Übungen zur Entspannung und zur Erhöhung des Bewusstseins sowie Tipps, wie man sein Wohlbefinden steigert.

Diese für den Leser übersichtlich präsentierten Methoden und Techniken sind so gegliedert, dass verschiedene Lebensthemen, Symptome oder Ziele angesprochen werden, die in allen Bereichen des modernen Lebens immer wieder auftauchen: z.B. Umgang mit Stress, Stimmungsschwankungen oder Beziehungsprobleme. Neben den exakten Anleitungen ist diese Zusammenstellung untermalt von gehaltvollen Kommentaren, zuweilen poetisch, zuweilen verschmitzt, aber immer erleuchtend.

Ob für Meditationserfahrene, die neue Inspiration suchen, oder für Neulinge, die sich orientieren wollen – dieses Buch kann jeder gleichsam als »Hausapotheke für die Seele« benutzen. Es bietet eine umfassende Auswahl an Heilmitteln, die Gesundheit, Entspannung und spontane Freude in unser Leben bringen.

1: Mittel gegen die Kopflastigkeit

Wie man den Geist zähmt und gelegentlich daraus aussteigt

Der Kopf (*mind*)[1] ist nur ein Biocomputer. Wenn ein Kind geboren wird, hat es noch keinen *mind*, in seinem Kopf herrscht noch kein Geplapper. Es dauert etwa drei bis vier Jahre, bis dieser Mechanismus zu funktionieren beginnt. Und man kann sehen, dass Mädchen früher anfangen zu reden als Jungen. Im Plaudern sind sie besser! Ihr Biocomputer funktioniert besser.

Dieser muss mit Informationen gefüttert werden. Deshalb kann man, wenn man versucht, sich an sein Leben zurückzuerinnern, als Mann bis zurück zum Alter von vier Jahren gehen, als Frau bis zum Alter von drei Jahren. Davor ist keine Erinnerung. Man war ja dabei; es ist bestimmt vieles geschehen; viele Dinge müssen passiert sein, aber es scheint im Gedächtnis noch nichts aufgezeichnet zu werden, also erinnert man sich an nichts.

1 Das englische Wort *mind* umfasst sämtliche Prozesse des wertenden Denkens und Fühlens, mit denen wir uns meist identifizieren. Es lässt sich je nach Zusammenhang mit Verstand, Denken, Gedanken, Gemüt, Psyche oder Geist oder auch einfach mit »Kopf« übersetzen. In diesem Kapitel, in dem es hauptsächlich um den Kopf geht, wurde der Begriff *mind* manchmal beibehalten, meistens aber mit »Kopf« übersetzt. A.d.Ü.

Aber bis zum Alter von drei oder vier Jahren kann man sich ganz klar erinnern.

Der *mind* sammelt seine Daten von den Eltern, von der Schule, von anderen Kindern, Nachbarn, Verwandten, von der Gesellschaft, der Kirche ... Die Quellen sind überall um uns herum. Und ihr habt sicher schon kleine Kinder gesehen, die zum ersten Mal anfangen zu sprechen: Sie wiederholen viele Male dasselbe Wort. So eine Freude! Ein neuer innerer Mechanismus hat zu funktionieren begonnen.

Sobald sie Sätze bilden können, macht es ihnen großen Spaß, denselben Satz immer wieder zu sagen. Sobald sie Fragen stellen können, fragen sie einen über alles und jedes aus. Sie sind nicht an der Antwort interessiert, wohlgemerkt! Beobachte einmal ein Kind, wenn es eine Frage stellt. Es interessiert sich nicht für die Antwort. Gib ihm also keine lange Antwort aus der *Encyclopaedia Britannica.* Das Kind interessiert sich nicht für deine Antwort; es freut sich einfach daran, dass es fragen kann. Es hat eine neue Fähigkeit entwickelt.

Und so sammelt es immer mehr Informationen. Später beginnt es zu lesen ... noch mehr Worte! In dieser Gesellschaft macht sich Stille nicht bezahlt. Worte machen sich bezahlt, und je besser du dich ausdrücken kannst, desto besser wirst du bezahlt. Was sind Politiker? Was sind Professoren? Was sind Priester, Theologen, Philosophen? Was haben sie alle gemeinsam? Sie sind fähig, sich auszudrücken. Sie verstehen es, Worte sinnvoll, bedeutungsvoll und konsequent zu benutzen, um auf andere Eindruck zu machen.

Es wird selten zur Kenntnis genommen, dass unsere

ganze Gesellschaft von wortgewandten Menschen beherrscht wird. Es kann sein, dass sie keine Ahnung haben, dass sie nicht weise sind, ja vielleicht nicht einmal intelligent. Aber eines ist sicher: Sie wissen, wie man mit Worten spielt. Es ist ein Spiel, das sie gelernt haben. Und es zahlt sich aus: mit Ansehen, mit Geld, mit Macht – in jeder Hinsicht. Deshalb versucht es jeder, und der Kopf füllt sich mit einer Unmenge von Worten, mit unendlich vielen Gedanken.

Einen Computer kann man immer abschalten, aber den Kopf kann man nicht abschalten. Es gibt keinen Schalter. Es gibt keinen Hinweis darauf, ob Gott, als er die Welt und den Menschen erschuf, einen Schalter für den Kopf eingebaut hat, damit man ihn an- oder abschalten kann. Es gibt keinen Schalter, deshalb läuft er von der Geburt bis zum Tod ununterbrochen.

Es ist erstaunlich – Leute, die etwas von Computern und etwas vom menschlichen Gehirn verstehen, sind auf eine merkwürdige Idee gekommen: Wenn man das Gehirn eines Menschen aus dem Schädel nimmt und mechanisch am Leben erhält, dann plappert es genau so weiter. Es macht ihm nichts aus, dass es nicht mehr an den armen Kerl angeschlossen ist, der unter ihm gelitten hat. Es träumt immer noch. Jetzt ist es an Maschinen angeschlossen und es hat immer noch Träume, Vorstellungen, Ängste, Projektionen und Hoffnungen; es versucht immer noch dies oder jenes zu sein. Und es merkt überhaupt nicht, dass es nun nichts mehr tun kann. Die Person, der es gehörte, ist gar nicht mehr da. Man könnte so ein Gehirn an mechanische Vorrichtungen anschließen und tausende von Jahren am Leben erhalten und es würde immer weiter plappern – immer im Kreis herum, weil wir noch nicht in der Lage sind, ihm neue Dinge beizubringen. Wenn wir ihm etwas Neues beibringen, wird es die neuen Dinge wiederholen.

Manche Leute in wissenschaftlichen Kreisen glauben, es sei eine große Verschwendung, wenn ein Mann wie Albert Einstein stirbt und auch sein Gehirn mit ihm stirbt. Wenn wir das Gehirn retten und in den Körper eines anderen Menschen verpflanzen könnten, würde es weiter funktionieren. Es spielt keine Rolle, ob Albert Einstein am Leben ist oder nicht; dieses Gehirn würde weiter über die Relativitätstheorie, über die Sterne und andere Theorien nachdenken. Man stellt sich vor, dass man ebenso, wie man Blut spendet oder vor seinem Tod seine Augen spendet, anfangen sollte, sein Gehirn zu spenden, damit es erhalten bleibt. Wenn wir meinen, es sei ein besonderes Gehirn, hoch qualifiziert, und es sei Verschwendung, es sterben zu lassen, dann können wir es verpflanzen.

Irgendein Idiot kann Albert Einstein werden, ohne es zu merken, da im menschlichen Gehirn keine Sensibilität ist. Man kann alles ändern, ohne dass es der Betroffene merkt. Man macht ihn einfach bewusstlos und kann in seinem Gehirn alles, was man will, verändern. Man kann das ganze Gehirn verändern und er wacht mit dem neuen Gehirn auf, mit einem neuen Geplapper im Kopf, ohne dass er Verdacht schöpft, was passiert ist.

Dieses Geplapper ist das Resultat unserer Erziehung. Sie ist von Grund auf falsch, da sie uns nur den halben Vorgang lehrt: wie man seinen Kopf benutzt. Sie bringt uns nicht bei, wie man ihn abschaltet, damit er sich entspannen kann, denn er läuft ja ständig weiter, selbst im

Schlaf. Er kennt keinen Schlaf. Siebzig Jahre, achtzig Jahre arbeitet er ununterbrochen vor sich hin!

Es ist jedoch tatsächlich möglich, einen Schalter zu benutzen, um den Kopf abzuschalten, wenn er nicht gebraucht wird – wir nennen ihn Meditation. Sie ist in zweierlei Hinsicht hilfreich: Sie gibt dir Frieden, eine Ruhe, wie du sie noch nie erfahren hast. Und sie hilft dir, dich selbst kennen zu lernen, was bisher nicht möglich war, da der Kopf immer am Plappern ist. Er hat dich die ganze Zeit beschäftigt gehalten.

Außerdem kann sich dadurch auch der Kopf endlich einmal ausruhen. Und wenn wir ihm Ruhe gönnen können, ist er besser in der Lage, seine Arbeit effektiver und intelligenter zu verrichten.

Es tut einem also auf allen Ebenen gut: auf der Ebene des Kopfes und auf der Ebene des Seins. Man muss nur lernen, wie man die Arbeit des Kopfes zum Stillstand bringt, wie man ihm sagen kann: »Genug jetzt. Geh schlafen. Ich bin wach; mach dir keine Sorgen.«

Benutze den Kopf nur dann, wenn er gebraucht wird. Dann ist er frisch und jung, voller Saft und Kraft. Dann ist das, was du zu sagen hast, nicht trocken und langweilig, sondern voller Leben, voller Autorität, voller Wahrheit, Ehrlichkeit und zutiefst sinnvoll. Du kannst dieselben Worte wie vorher gebrauchen, aber da dein Geist ausgeruht ist, hat er so viel Kraft, dass jedes Wort wie eine Flamme benutzt wird, mit Kraft gefüllt ist.

Was man in der Welt als Charisma bezeichnet, ist einfach ein Geist, der sich zu entspannen weiß und dadurch Energie sammelt. Wenn dieser Geist spricht, ist es Poesie; wenn er spricht, ist es wie das Evangelium. Wenn er spricht, sind weder Beweise noch logische Schlussfolgerungen nötig. Seine Kraft allein reicht aus, um Menschen zu beeinflussen. Und man hat schon immer gewusst, dass es so etwas gibt, auch wenn man nie genau wusste, was es eigentlich ist, was Charisma ausmacht.

Ich sage euch, was Charisma ist, denn ich weiß es aus eigener Erfahrung. Ein Geist, der Tag und Nacht arbeitet, wird zwangsläufig schwach, abgestumpft, hinterlässt keinen Eindruck und schleppt sich irgendwie dahin. Er erfüllt bestenfalls seinen Zweck. Du gehst Gemüse kaufen; dafür ist er hilfreich. Aber darüber hinaus hat er nicht viel Kraft. Und so bleiben Millionen von Menschen, die charismatisch sein könnten, armselig, eindruckslos, ohne Autorität und Kraft.

Wenn es möglich ist, seinen Geist zum Schweigen zu bringen und ihn nur zu benutzen, wenn er gebraucht wird – und es ist möglich! –, dann kommt er mit stürmischer Kraft. Er hat so viel Energie gesammelt, dass jedes geäußerte Wort direkt ins Herz geht. Die Leute meinen, charismatische Persönlichkeiten hätten hypnotische Kräfte. Sie sind nicht hypnotisch. Sie sind eigentlich nur kraftvoll und frisch. Bei ihnen ist immer Frühling.

Dies gilt für den Geist. Für unser Wesen, unser Sein öffnet die Stille ein neues Universum: Dort ist Ewigkeit, dort gibt es keinen Tod, dort sind alle Segnungen, die du dir vorstellen kannst. Deshalb betone ich immer wieder, dass Meditation Religion in der Essenz ist – die einzige Religion. Man braucht nichts anderes. Alles andere sind unwesentliche Rituale.

Meditation ist einfach nur die Essenz, die pure Essenz. Man kann davon nichts mehr weg kürzen.

Sie verbindet uns mit beiden Welten: dem Göttlichen, die Welt des Jenseits, aber auch mit dieser Welt. Dann ist man nicht mehr arm. Man besitzt einen Reichtum, der allerdings nichts mit Geld zu tun hat. Es gibt verschiedene Arten des Reichtums und ein Mensch, der auf Grund von Geld reich ist, ist in der untersten Kategorie des Reichtums. Lasst es mich so sagen: Ein Mann mit Geld ist der ärmste Reiche. Mit den Augen der Armen betrachtet, ist er der reichste Arme. Mit den Augen eines kreativen Künstlers, eines Tänzers, eines Musikers, eines Wissenschaftlers betrachtet, ist er der ärmste Reiche. Und aus der Perspektive der Welt des höchsten Erwachens kann er nicht einmal mehr als reich bezeichnet werden.

Meditation beschert dir den höchsten Reichtum, indem sie dir die Welt deines innersten Wesens schenkt. Und sie gibt dir auch relativen Reichtum, da sie die Kräfte deines Geistes freisetzt und in Talente umwandelt, die nur du hast. Nach meiner Erfahrung wird jeder Mensch mit einem bestimmten Talent geboren. Wenn er sein Talent nicht voll ausschöpft und lebt, wird ihm immer etwas fehlen. Er wird ständig das Gefühl haben, dass irgendetwas nicht da ist, was eigentlich da sein sollte.

Gönne deinem Geist Ruhe – er braucht sie! Und es ist ganz einfach: Betrachte ihn aus der Sicht eines Zeugen. Dann wird er dich doppelt beschenken.

Ganz allmählich lernt der Geist, still zu sein. Hat er einmal gelernt, aus der Stille Kraft zu schöpfen, sind seine Worte nicht mehr bloß Worte. Sie erhalten einen Wert, einen Reichtum und eine Qualität wie nie zuvor, und zwar so, dass sie direkt ihr Ziel erreichen – wie

Pfeile. Sie umgehen die logischen Hindernisse und erreichen direkt das Herz.

So wird der Kopf zu einem guten, außerordentlich machtvollen Werkzeug in der Hand der Stille. Dann ist dein wahres Sein der Meister. Und ein Meister kann seinen Kopf benutzen, wann immer er ihn braucht, und wieder abschalten, wenn er ihn nicht braucht.

Geniesse das Denken

Versuche nicht, die Gedanken anzuhalten. Sie sind Teil deiner Natur. Du wirst verrückt, wenn du versuchst, sie zu stoppen. Du wärst wie ein Baum, der seine Blätter anhalten will. Der Baum wird verrückt! Die Blätter sind seine Natur.

Das ist das Erste: Versuche nicht, dein Denken zu stoppen. Es ist völlig in Ordnung. Zweitens: Das Denken nicht zu stoppen reicht nicht aus. Der zweite Schritt ist, es zu genießen. Spiele damit. Es ist ein schönes Spiel. Wenn du spielerisch damit bist, es genießt und willkommen heißt, wirst du wacher damit umgehen, werden dir die Gedanken bewusster. Aber dieses Bewusstsein kommt eher ganz indirekt. Es ist keine Anstrengung, bewusst zu werden. Wenn du *versuchst*, bewusst zu werden, lenken dich deine Gedanken ab und machen dich wütend. Du meinst, der Kopf sei etwas Schlechtes, weil er ständig am Plappern ist, wo du doch still sein willst, und er lässt es nicht zu. Dann beginnst du, ihn dir zum Feind zu machen.

Das ist nicht gut. Damit teilst du dich selbst in zwei Teile. Dann trennst du dich von deinem Kopf und es gibt Konflikte und Reibungen. Jede innere Reibung hat etwas Selbstmörderisches, denn es ist deine eigene Energie, die unnötig verschwendet wird. Wir haben nicht so viel Energie, um sie im Kampf gegen uns selbst zu verschwenden. Dieselbe Energie sollte in Freude umgesetzt werden.

Freue dich also am Lauf deiner Gedanken. Schau dir jede Nuance der Gedanken an, welche Wendungen sie plötzlich nehmen, wie einer zum anderen führt, wie sie sich ineinander verhaken. Es ist ein wahres Wunder, dabei zuzuschauen! Nur ein winziger Gedanke kann dich zum entferntesten Ziel führen, und wenn du hinschaust, siehst du keinerlei Verbindung zwischen ihnen.

Genieße es, lasse es wie ein Spiel sein! Spiele bewusst damit, und du wirst dich wundern: Während du das Spiel genießt, stößt du manchmal auf eine herrliche Pause. Plötzlich stellst du fest, dass ein Hund bellt und in deinem Kopf nichts vorfällt. Es beginnt keine Gedankenkette. Der Hund bellt. Du lauschst und es taucht kein Gedanke auf. Es entstehen also kleine Lücken – allerdings kann man sie nicht produzieren. Sie kommen von selbst, und wenn sie kommen, ist es schön. In diesen kleinen Lücken beginnst du denjenigen zu beobachten, der beobachtet – aber das kommt dir ganz natürlich vor. Die Gedanken werden wieder weiter gehen, und du genießt es. Mache einfach weiter und nimm es leicht. Bewusstsein wird zu dir kommen, doch es kommt indirekt.

Zu beobachten, zu genießen und zuzuschauen, wie die Gedanken aufeinander folgen, ist ebenso schön, wie aufs Meer zu schauen mit seinen Millionen von Wellen. Auch das ist ein Meer und die Gedanken sind Wellen. Die Menschen gehen ans Meer und freuen sich an den Wellen, aber sie haben keine rechte Freude an den Wellen in ihrem Bewusstsein.

Ändere die Gedankenmuster

Wenn du ein bestimmtes Muster in deinem Denken erkennst, das zu einer eingefahrenen Gewohnheit geworden ist, und es ändern möchtest, ist Atmen das beste Mittel. Alles gewohnheitsmäßige Denken ist mit bestimmten Mustern des Atmens verbunden. Ändere dein Atemmuster, und umgehend verändert sich dein Denken – auf der Stelle. Probiere es aus!

Wenn du zum Beispiel siehst, dass du in die alte Gewohnheit verfällst, etwas oder jemanden zu verurteilen, atme sofort aus, als ob du dieses Urteil mit dem Ausatmen hinauswirfst. Atme tief aus, ziehe dabei den Bauch ein und spüre oder stell dir vor, dass du das ganze Vorurteil hinauswirfst.

Dann atme zwei- oder dreimal tief frische Luft ein. Beobachte, was geschieht. Du wirst dich völlig erfrischt fühlen. Die alte Gewohnheit kann dich nicht mehr beherrschen.

Beginne also mit dem Ausatmen, nicht mit dem Einatmen. Wenn du etwas Neues aufnehmen willst, dann beginne mit Einatmen. Wenn du etwas hinauswerfen willst, beginne mit Ausatmen. Achte darauf, wie es dein Denken sofort beeinflusst. Du wirst sofort bemerken, dass deine Gedanken woanders hingegangen sind – es weht eine frische Brise. Du verfällst nicht in den alten Trott und brauchst die alte Gewohnheit nicht mehr zu wiederholen.

Dies gilt für alle Gewohnheiten. Wenn du zum Beispiel Raucher bist und aufhören willst, dann atme jedesmal, wenn du den Drang nach Rauchen verspürst, tief aus und wirf den Drang hinaus. Dann atme frische Luft ein und du wirst sogleich sehen, dass der Drang verschwunden ist. Dies kann zu einem sehr wichtigen Werkzeug für die innere Veränderung werden.

Das Mantra »Aum«

Wenn du spürst, dass zu viel Unruhe um dich herum ist oder dein Geist zu sehr abgelenkt ist, kannst du das Mantra »Aum« rezitieren.

Mache es dir zur Gewohnheit, mindestens zwanzig Minuten morgens und zwanzig Minuten abends still zu sitzen. Sitze in einer bequemen Stellung und schaue mit halb geöffneten Augen nach unten. Atme langsam und bewege deinen Körper nicht. Wiederhole innerlich: »Aum«. Es ist nicht nötig, es auszusprechen. Es wirkt sogar durchdringender, wenn deine Lippen geschlossen sind; auch die Zunge sollte sich nicht bewegen. Wiederhole das »Aum« ganz schnell hintereinander: »Aum, aum, aum, aum ...« – laut und schnell, aber nur innerlich. Spüre, wie es in deinem ganzen Körper von den Füßen zum Kopf und vom Kopf bis in die Füße vibriert.

Jedes »Aum« fällt in dein Bewusstsein wie ein Stein in einen Teich. Dabei entstehen Wellen, die Kreise bis zum Rand schlagen. Sie breiten sich immer mehr aus und berühren den ganzen Körper.

Bei dieser Übung gibt es Momente – und das sind die schönsten! –, in denen du aufhörst, etwas zu sagen, und alles zum Stillstand kommt. Plötzlich wird dir bewusst, dass du nichts mehr sagst und alles still ist. Genieße es. Wenn Gedanken kommen, beginne wieder zu rezitieren.

Am Abend solltest du das Aum mindestens zwei Stunden vor dem Schlafengehen rezitieren. Sonst kannst du nicht schlafen, weil es dich so erfrischt und wach macht, dass du keine Lust mehr dazu hast. Du fühlst dich danach so ausgeruht wie am Morgen – wozu dann noch schlafen gehen?

Man sollte das Mantra zwar schnell wiederholen, kann aber sein eigenes Tempo dafür finden. Nach zwei bis drei Tagen wirst du herausfinden, was für dich stimmt. Für manche Leute stimmt es, es sehr schnell zu tun: »AumAumAum«, sodass es fast ineinander übergeht. Für andere stimmt ein sehr langsames Tempo. Es kommt auf dich an. Wenn es sich gut anfühlt, mache so weiter.

Achte auf das innere Nein

Der Kopf ist immer bereit, alles negativ zu sehen, alles abzulehnen, immer Nein zu sagen.

Beobachte, wie oft du an einem Tag innerlich zu etwas Nein sagst. Verringere diese Quote. Und beobachte, wie oft du Ja sagst, und erhöhe diese Quote. Im Laufe der Zeit wirst du sehen, wie sich das Verhältnis zwischen Ja und Nein ganz allmählich verändert und sich damit deine Persönlichkeit grundlegend ändert. Beobachte, wie oft du mit etwas nicht einverstanden bist, wenn ein Ja so viel einfacher gewesen wäre; wie oft es wirklich unnötig war, Nein zu sagen. Wie oft hättest du Ja sagen können, aber du hast entweder Nein oder gar nichts gesagt.

Ein Ja ist immer gegen das Ego. Das Ego kann ein Ja nicht vertragen, es ernährt sich vom Nein. Sage nur noch: »Nein, nein, nein«, und schau, zu welcher Größe sich dein Ego aufbläst.

Du gehst zum Bahnhof und willst eine Fahrkarte kaufen. Du stehst allein am Schalter, aber der Beamte fängt an, sich zu beschäftigen, ohne dich anzuschauen. Er versucht Nein zu sagen. Zumindest lässt er dich warten. Er gibt vor, viel zu tun zu haben, schaut in diesem und jenem Verzeichnis nach. Er zwingt dich zu warten. Das gibt ihm ein Gefühl von Macht: Er ist kein gewöhnlicher Beamter; er kann alle warten lassen!

Was einem als Erstes in den Kopf kommt, ist ein Nein. Ein Ja ist fast immer schwieriger. Ein richtiges Ja sagst du erst, wenn du völlig hilflos bist und es sagen *musst*. Achte einfach darauf. Werde zum inneren »Ja-Sager«. Vom Gift des inneren Neins ernährt sich das Ego.

Vom Kopf ins Herz

Fühlen ist echtes Leben. Denken ist unecht, denn man denkt immer *über* etwas nach oder *an* etwas; es ist nie die Sache selbst. Es ist nicht das Denken an den Wein, das dich betrunken macht, sondern der Wein selbst. Du kannst ewig an den Wein denken, aber davon wirst du nicht betrunken. Du musst ihn trinken. Und zu trinken bedeutet zu fühlen. Denken ist eine Scheinaktivität, eine Ersatztätigkeit. Es gibt dir das falsche Gefühl, dass etwas passiert. Dabei passiert gar nichts.

Schalte also um: vom Denken zum Fühlen. Und am besten geht es, indem man vom Herzen zu atmen beginnt.

Erinnere dich so oft wie möglich am Tag daran, einen tiefen Atemzug zu nehmen. Spüre, wie der Atem in der Mitte deiner Brust ankommt. Stelle dir dabei vor, die gesamte Existenz ströme in dich hinein, genau dahin, wo dein Herzzentrum ist. Es ist bei jedem ein wenig anders gelagert; normalerweise ist es nach rechts geneigt. Es hat nichts mit dem physischen Herzen zu tun. Es ist etwas völlig anderes. Es gehört zum Feinkörper.

Atme tief ein, und wenn du es tust, nimm jedes Mal mindestens fünf tiefe Atemzüge. Fülle beim Einatmen dein Herz. Spüre in der Mitte, dass die Existenz durch dein Herz strömt. Du kannst es auch Lebendigkeit, Leben, das Göttliche, die Natur nennen – alles strömt in dich hinein.

Dann atme tief aus, wieder vom Herzen. Fühle, wie du alles, was dir gegeben wurde, wieder in das Göttliche, in die Existenz zurückströmen lässt.

Mache diese Atemübung so oft wie möglich am Tag, und zwar jedes Mal fünf Atemzüge hintereinander. Sie hilft dir, vom Kopf ins Herz zu kommen.

Du wirst dadurch viel sensibler werden und es werden dir viele Dinge bewusster, die du vorher nicht bemerkt hast. Du wirst mehr riechen, mehr schmecken, mehr fühlen. Du wirst mehr sehen und mehr hören. Alles wird intensiver. Wenn du vom Kopf zum Herzen gehst, wirst du plötzlich mit allen Sinnen klarer wahrnehmen. Du beginnst zu fühlen, wie das Leben in dir pulsiert, wie du bereit bist zu springen, bereit zu fließen.

Höre den Klang der Stille

Es gibt einen Ton der Glückseligkeit, der ununterbrochen in dir klingt – und in jedem anderen Menschen auch. Wir müssen nur still sein, um ihn zu hören. Da wir so viel Lärm im Kopf haben, können wir die stille, kleine Stimme des Herzens nicht hören und sie ist wirklich sehr klein und sehr still. Erst wenn alles still ist, kannst du sie hören. Sie ist das Bindeglied zwischen dir und der Existenz. Hast du sie einmal gehört, weißt du, wo das Bindeglied ist, die Brücke zur Existenz. Hast du sie einmal gehört, fällt es dir leicht, dorthin zu gehen. Dann kannst du dich darauf konzentrieren und dich einfach hineingleiten lassen. Wenn du dich auf sie einlassen kannst, bist du wie verjüngt. Sie gibt dir große Kraft und macht dich immer wieder lebendig.

Wer diesen inneren Klang einmal gefunden hat, verliert das Göttliche nie aus den Augen. Er kann in der Welt leben und mit dem Göttlichen in Verbindung bleiben. Im Laufe der Zeit lernt man den Trick. Dann hört man ihn sogar mitten auf dem Marktplatz. Wenn du einmal weißt, dass es diesen Klang gibt, ist es nicht mehr schwer, ihn zu hören. Dann kann dich aller Lärm der Welt nicht mehr daran hindern, ihn zu hören. Das Problem ist nur, ihn zum ersten Mal zu hören, weil du nicht weißt, wo er ist, was er ist oder wie man ihn zulassen kann.

Es ist nur eins nötig: immer stiller und stiller zu werden.

Sitze in Stille. Immer wenn du Zeit hast, möglichst eine Stunde am Tag, tu einfach nichts. Sitze und horche.

Horche auf die Klänge um dich herum, ohne Sinn und Zweck, ohne ihre Bedeutung zu interpretieren. Höre einfach zu – ohne jeden Grund. Ein Ton ist da, also muss man auf ihn hören.

Im Laufe der Zeit wird es ruhiger im Kopf. Der Ton ist da, aber er wird nicht mehr interpretiert: keine Wertung, kein Nachdenken darüber. Plötzlich verändert sich die Gestalt. Wenn der Geist still ist und auf den äußeren Klang horcht, hört man plötzlich einen neuen Klang, der nicht von außen, sondern von innen kommt. Und hast du ihn einmal gehört, hast du den Faden in der Hand.

Folge diesem Faden, geh ihm nach – tiefer und tiefer. Es gibt einen tiefen Brunnen in deinem Sein und alle, die wissen, wie man sich dort hinein begibt, leben in einer ganz anderen Welt, in einer anderen Realität.

Die innere Gangschaltung

Man sollte seine Aktivitäten immer wieder ändern, da es im Gehirn mehrere Zentren gibt. Wenn du zum Beispiel mathematische Berechnungen anstellst, funktioniert nur ein bestimmter Teil deines Gehirns und die anderen Bereiche ruhen. Dann liest du Gedichte und der mathematisch arbeitende Teil ruht, während ein anderer Teil aktiv wird.

Deshalb dauern Unterrichtsstunden an Universitäten und Schulen nur 45 Minuten, weil jedes Gehirnzentrum eine Arbeitskapazität von vierzig Minuten hat. Dann ermüdet es und braucht eine Pause, und am besten kann es ausruhen, wenn man die Arbeit wechselt, sodass ein anderes Zentrum zu arbeiten beginnt und man sich entspannt. Ein ständiger Wechsel ist also sehr, sehr gut. Man wird dadurch bereichert.

Sehr häufig wird das, was man tut, zur Besessenheit; man müht sich wie verrückt ab. Doch das ist schädlich. Man sollte von dem, was man tut, nie besessen sein. Vertiefe dich in das, was du tust, aber bleibe immer der Meister. Sonst wirst du zum Sklaven und Sklaverei tut nie gut. Selbst wenn man zum Sklaven von Meditation wird, ist es nicht gut. Wenn du mit dem, was du tust, nicht aufhören kannst oder nur widerwillig damit aufhörst, ist es einfach ein Zeichen dafür, dass du nicht weißt, wie man die Gangschaltung des Geistes betätigt.

Dann kannst du folgende Übung machen:

Sie gilt für jede Tätigkeit. Du meditierst zum Beispiel und willst nun etwas anderes tun. Höre auf zu meditieren und atme fünf Minuten lang tief aus. Dann lässt du den Körper einatmen. Atme nicht selbst ein. Stelle dir beim Ausatmen vor: Alles, was in deinem Geist, in deinem Körper und in deinem restlichen System war, wird hinausgeworfen. Mache diese Übung fünf Minuten lang und fange erst dann mit einer anderen Arbeit an. Du wirst sofort spüren, dass etwas in dir verändert ist.

Du brauchst fünf Minuten lang Leerlauf. Wenn man das Auto in einen anderen Gang schaltet, muss man erst in den Leerlauf schalten; selbst wenn es nur für einen kurzen Moment ist, muss in den Leerlauf geschaltet werden. Je effektiver der Fahrer ist, desto schneller kann er vom Leerlauf weiter schalten. Gönne dir also fünf Minuten Leerlauf, in denen du nichts anderes anfängst, außer einfach zu atmen, einfach zu sein. Dann kannst du allmählich die Zeitspanne reduzieren. Nach einem Monat brauchst du nur vier Minuten, nach zwei Monaten drei Minuten und so weiter.

Mit der Zeit kommst du an den Punkt, wo nur einmal Ausatmen ausreicht und du bist mit der Arbeit fertig – sie ist beendet, abgeschlossen. Dann kannst du mit einer anderen Arbeit anfangen.

Vom Kopf zum Herzen zum Sein

Der Mensch kann von drei Zentren aus funktionieren: Das erste ist der Kopf, dann das Herz, und das dritte ist der Nabel. Wenn du vom Kopf funktionierst, spinnst du immer mehr Gedanken aus. Sie haben keine Substanz, sind der Stoff, aus dem die Träume sind. Sie versprechen viel und halten nichts.

Der Kopf ist ein hervorragender Betrüger! Er hat ungeheure Fähigkeiten, dir etwas vorzumachen, weil er projizieren kann. Er kann großartige Utopien, große Wünsche entwickeln und sagt ständig wieder: »Morgen wird es passieren.« Und es passiert nie! Im Kopf passiert nie etwas. Der Kopf ist nicht der Ort, an dem etwas Tiefgreifendes mit dir geschehen kann.

Das zweite Zentrum ist das Herz, das Zentrum des Fühlens. Du fühlst durch das Herz. Hier bist du näher an deinem Zuhause – noch nicht ganz daheim, aber näher. Wenn du fühlst, hast du mehr Substanz, mehr Festigkeit. Wenn du fühlst, besteht die Möglichkeit, dass etwas geschieht: Mit dem Kopf ist es ausgeschlossen, mit dem Herzen besteht eine geringe Chance.

Doch auch das Herz ist nicht dein wahres Sein. Das einzig Wahre liegt noch tiefer als das Herz: Es ist das Nabelzentrum. Das ist das Zentrum des Seins.

Denken, Fühlen, Sein – das sind die drei Zentren.

Fühle mehr, dann denkst du weniger. Kämpfe nicht gegen das Denken an, denn damit erzeugst du wieder neue Gedanken, die sich mit dem Kampf beschäftigen. So wirst du das Denken niemals besiegen. Wenn du gewinnst, ist es der Kopf, der gewonnen hat; wenn du verlierst, hast du verloren. In beiden Fällen hast du verloren. Deshalb kämpfe niemals mit Gedanken; es ist sinnlos.

Anstatt gegen die Gedanken anzukämpfen, benutze deine Energie zum Fühlen. Sing ein Lied, anstatt zu denken. Spüre deine Liebe, anstatt zu philosophieren. Lies Gedichte anstatt Prosa. Tanze, gehe in die Natur. Was immer du tust – tu es mit dem Herzen.

Wenn du zum Beispiel jemanden anfasst, dann berühre denjenigen von deinem Herzen. Berühre ihn feinfühlig; spüre die Schwingungen in dir. Wenn du jemanden anschaust, schau nicht mit toten Augen wie ein Fisch. Lass deine Energie durch die Augen hinausfließen und sogleich spürst du, dass in deinem Herzen etwas geschieht. Man muss es nur einmal ausprobieren.

Wir haben das Herzzentrum vernachlässigt. Schenke ihm Aufmerksamkeit und es erwacht zum Leben. Und wenn es einmal lebendig ist, beginnt die Energie, die im Kopf herumschwirrte, automatisch durch das Herz zu fließen. Das Herz ist viel näher am Zentrum der Energie; das Energiezentrum ist nämlich am Nabel. Deshalb ist es eigentlich harte Arbeit, die Energie immer zum Kopf hinauf zu pumpen.

Versuche also, immer mehr zu fühlen. Das ist der erste Schritt. Hast du diesen Schritt einmal gemacht, ist der zweite kinderleicht. Zuerst die Liebe; das ist schon die halbe Reise. Und fällt es dir leicht, vom Kopf ins Herz zu gehen, wird es noch leichter sein, vom Herzen zum Nabel zu gehen.

Im Nabel bist du einfach Sein, ein reines Wesen,

ohne Denken, ohne Fühlen. Dort ist keine Bewegung. Es ist das Zentrum des Zyklons.

Alles andere ist in Bewegung. Der Kopf ist in Bewegung, das Herz ist in Bewegung, der Körper ist in Bewegung. Alles bewegt sich, alles ist ständig im Fluss. Nur im Zentrum deiner Existenz, im Nabelzentrum, bewegt sich nichts. Es ist wie die Nabe des Rades.

Mach mal Pause …

Setze dich jeden Tag mindestens eine Stunde lang still irgendwo hin. Geh an den Fluss oder in den Garten – an einen Platz, an dem dich niemand stört. Entspanne die Muskeln im Körper, spanne dich nicht an. Schließe die Augen und sag zu deinem Kopf: »So, jetzt kannst du loslegen. Tu, was du willst. Ich bin Zeuge und beobachte alles.«

Du wirst dich wundern: Ein paar Momente lang – manchmal nur eine Sekunde – wirst du feststellen, dass der Kopf gar nichts tut. In dieser kleinen Pause wirst du die Realität so erleben, wie sie ist, ohne dass deine Vorstellungen immer dazwischen kommen. Es wird jedoch nur ein Moment sein – ein winziger Moment. Dann beginnt der Kopf wieder zu arbeiten.

Wenn der Kopf wieder loslegt, wenn die Gedanken wieder rasen, Bilder wieder auftauchen, wirst du es nicht sofort merken. Erst später, nach ein paar Minuten, merkst du, dass der Kopf wieder arbeitet und du den Faden verloren hast. Dann sei wieder aufmerksam und sage zu deinem Kopf: »Mach ruhig weiter. Ich bin Zeuge.« Und wieder werden die Gedanken für eine Sekunde aufhören.

Diese Sekunden sind zutiefst wertvoll. Es sind die ersten Momente der Wirklichkeit, die ersten Einblicke in die Realität, die ersten Fenster nach draußen. Sie sind ganz kurz, nur winzige Pausen, und sie kommen und gehen. Doch jene Momente sind eine Kostprobe des Lebens in der Realität.

Im Laufe der Zeit wirst du feststellen, dass diese Intervalle immer größer werden. Sie stellen sich nur ein, wenn du hellwach bleibst.

Bist du total aufmerksam, funktioniert das Denken nicht mehr, weil die Aufmerksamkeit selbst wie ein Licht in einem dunklen Raum wirkt. Wenn das Licht da ist, ist keine Dunkelheit da. Wenn du da bist, ist der Kopf nicht da. Deine Anwesenheit ist die Abwesenheit des Kopfes. Bist du nicht da, beginnt er wieder zu funktionieren. Deine Abwesenheit ist die Anwesenheit des Kopfes.

Wie man Verwirrung auflöst

Wenn du verwirrt bist, lasse die Verwirrung zu. Versuche nicht, die Dinge »auf die Reihe« zu bekommen; versuche nicht, alles zu verstehen, denn was immer du jetzt tust, hilft dir nicht. Beobachte einfach alles.

Eine Meditation dafür kannst du abends vor dem Schlafengehen machen. Setz dich im Bett auf, sitze ganz entspannt da, schließe die Augen und spüre, wie sich dein Körper entspannt. Wenn sich der Körper nach vorn neigt, lass es zu. Erlaube ihm, nach vorn zu fallen. Vielleicht will er in die Embryostellung gehen, so wie ein Kind im Bauch der Mutter liegt. Wenn dir danach zumute ist, lege dich in die Embryostellung. Werde zum winzigen Kind im Bauch der Mutter.

Und dann horche nur auf deinen Atem, sonst nichts. Höre einfach zu, wie der Atem hinein kommt und wieder hinaus geht. Versuche es nicht in Worte zu fassen, sondern spüre nur, wie der Atem hineinkommt, und wenn er wieder hinausgeht, spüre das. Fühle ihn einfach, und dabei wirst du eine tiefe Stille wahrnehmen. Daraus entsteht Klarheit.

Es sollten nur zehn bis zwanzig Minuten sein – mindestens zehn Minuten, höchstens zwanzig. Dann lege dich schlafen.

Lass die Dinge einfach geschehen. Du selbst tust nichts dazu.

Der innere Quasselkopf

Wenn ein ständiger innerer Dialog herrscht, muss es einen Grund dafür geben. Anstatt ihn zu unterdrücken, sollte man ihn zulassen.

Lässt man ihn zu, wird er verschwinden. Dein Kopf will dir etwas mitteilen. Er will dir etwas sagen. Etwas, worauf du nicht gehört hast, worum du dich nicht gekümmert hast, was dir egal war, will mit dir kommunizieren. Es kann sein, dass dir gar nicht bewusst ist, was sich dir mitteilen will, weil du dich immer dagegen gewehrt und gedacht hast, dass es verrückt ist; weil du versucht hast, es zu stoppen oder zu etwas anderem zu machen. Jedes Ablenkungsmanöver ist eine Art von Unterdrückung.

Eine Übung: Setze dich abends vor dem Schlafengehen vierzig Minuten lang vor die Wand und fange an zu reden, und zwar laut. Genieße es und sei voll und ganz dabei. Wenn du feststellst, dass es zwei Stimmen gibt, dann lasse beide Seiten reden. Unterstütze zuerst die eine Seite, dann antworte von der anderen Seite. Sieh dir an, was für einen wunderbaren Dialog du führen kannst.

Versuche nicht, etwas zu manipulieren, denn du sagst es ja nicht für jemand anderen. Auch wenn es völlig verrückt wird, lass es so sein. Versuche nicht, etwas wegzulassen oder zu zensieren – darum geht es überhaupt nicht.

Mache diese Übung mindestens zehn Tage lang und lasse in diesen vierzig Minuten ohne jeden Widerstand alles zu. Gib einfach deine ganze Energie. In diesen zehn Tagen werden Dinge an die Oberfläche kommen, die sich dir mitteilen wollten, auf die du jedoch nicht gehört hast; oder auch etwas, was dir zwar bewusst war, du jedoch nicht hören wolltest. Höre darauf. Dann ist es abgeschlossen.

Sei bei diesen Gesprächen mit der Wand total dabei. Das Licht sollte dabei ausgeschaltet oder sehr gedämpft sein. Wenn du beim Reden wütend wirst oder schreien willst, dann werde wütend und schreie, denn es geht nur dann in die Tiefe, wenn du es mit Gefühl tust. Wenn du im Kopf bleibst und tote Worte wie vom Band wiederholst, wird es nichts nützen. Dann kommen die wahren Dinge nicht an die Oberfläche.

Rede also mit Gefühl und mit Gesten, als ob jemand vor dir säße. Nach etwa 25 Minuten kommst du richtig in Fahrt. Die letzten 15 Minuten sind dann wunderschön. Du wirst sie genießen. Nach zehn Tagen wirst du feststellen, dass deine inneren Gespräche allmählich aufhören, und du wirst einiges über dich selbst verstanden haben, was dir vorher noch nicht klar war.

ENTSCHEIDUNGSSCHWIERIGKEITEN

Eine Entscheidung ist dann gut, wenn sie vom Leben diktiert wird. Sie ist nicht gut, wenn sie nur aus dem Kopf kommt. Wenn sie vom Kopf kommt, ist es nicht wirklich eine Entscheidung, sondern es ist immer ein Konflikt dabei. Es sind immer noch Alternativen offen und der Kopf schwankt hin und her, von einer Seite zur anderen. Auf diese Weise schafft der Kopf Konflikte.

Der Körper ist immer hier und jetzt. Der Kopf ist nie hier und jetzt. Und das ist der ganze Konflikt. Du atmest hier und jetzt. Du kannst nicht morgen atmen und du kannst nicht gestern atmen. Du musst in diesem Moment atmen. Aber du kannst an morgen denken und du kannst an gestern denken. Der Körper bleibt in der Gegenwart und der Kopf springt zwischen der Vergangenheit und der Zukunft hin und her. Kopf und Körper funktionieren getrennt voneinander. Der Körper ist anwesend, aber der Kopf ist nie anwesend. Sie treffen sich nie; sie laufen sich niemals über den Weg. Auf Grund dieser »Spaltung« entstehen Ängste, Qual und Spannung. Man ist angespannt, weil man sich ständig Sorgen macht.

Der Kopf muss in die Gegenwart gebracht werden, denn es gibt keine andere Zeit.

Jedes Mal, wenn du zu viel an die Zukunft oder die Vergangenheit denkst, entspanne dich und achte auf deinen Atem. Sitze jeden Tag mindestens eine Stunde auf einem Stuhl und entspanne dich. Mach es dir bequem und schließe die Augen. Beachte einfach nur deinen Atem. Ändere nichts daran. Schau ihn nur an, beobachte ihn. Während du den Atem beobachtest, wird er allmählich langsamer und langsamer. Wenn du normalerweise in einer Minute achtmal atmest, werden es nun sechs Atemzüge, dann fünf, vier, drei und dann zwei. Wenn du nur einen Atemzug in der Minute machst, ist der Kopf dem Körper schon näher.

Bei dieser kleinen Meditationstechnik kann es nach einer Weile passieren, dass man für Minuten aufhört zu atmen. Drei oder vier Minuten gehen vorbei, und erst dann kommt ein Atemzug. Dann bist du im Einklang mit dem Körper und du wirst zum ersten Mal wissen, was Gegenwart ist. Sonst ist sie nur ein Wort. Der Kopf hat nie gewusst, was es bedeutet; er hat sie nie erfahren. Er kennt die Vergangenheit; er kennt die Zukunft. Wenn du aber »Gegenwart« sagst, versteht er nur etwas zwischen Vergangenheit und Zukunft – ein Zwischending. Doch die Erfahrung hat er nie gemacht.

Mache diese Übung 24 Tage lang jeden Tag eine Stunde. Entspanne dich in deinen Atem und lass das Atmen von selbst passieren – es geschieht automatisch. Auch beim Gehen geschieht es automatisch. Ganz allmählich werden Atempausen kommen und diese Pausen lassen dich zum ersten Mal die Gegenwart erfahren. Und dann wird nach 24 oder 25 Tagen plötzlich eine Entscheidung kommen.

Es spielt keine Rolle, was du entscheidest. Am wichtigsten ist, von wo es kommt: nicht das »Was«, sondern das »Woher«. Wenn es vom Kopf kommt, ist man nicht glücklich damit. Aber wenn eine Entscheidung aus deiner Totalität kommt, dann bereust du sie niemals auch nur für einen Moment. Ein Mensch, der in der Gegenwart lebt, kennt keine Reue. Er schaut niemals zurück. Er versucht niemals, seine Vergangenheit und seine Erinnerungen zu verändern oder seine Zukunft zu beeinflussen.

Eine Entscheidung aus dem Kopf ist eine üble Sache. Schon das Wort Ent-scheidung ist kein gutes Wort. Es ist die Scheidung von der Realität. Der Kopf trennt dich ständig von der Realität ab.

2: Entspannung

Wie man Dampf ablässt und Stress auflöst

Bewusstsein kann nicht gegen den Körper sein. Dein Bewusstsein wohnt im Körper; deshalb können Bewusstsein und Körper nicht feindlich gegeneinander sein. Sie unterstützen sich gegenseitig in jeder Hinsicht. Ich spreche zu euch und dabei macht meine Hand eine Geste, ohne dass ich der Hand sagen muss, sie soll es tun. Es herrscht tiefer Einklang zwischen mir und meiner Hand.

Du gehst, du isst, du trinkst. All diese Dinge zeigen, dass du Körper *und* Bewusstsein bist – ein organisches Ganzes. Man kann nicht seinen Körper schlecht behandeln und dabei sein Bewusstsein erweitern. Der Körper muss geliebt werden; man muss sein bester Freund sein. Er ist dein Zuhause, deshalb musst du ihn rein halten von allem Schmutz. Vergiss nicht, dass er dir tagtäglich treu dient. Selbst wenn du schläfst, arbeitet dein Körper ununterbrochen für dich: Er verdaut, wandelt dein Essen in Blut um, entfernt tote Zellen aus dem Körper, liefert neuen Sauerstoff, Frischluft in den Körper – und du schläfst dabei tief und fest!

Er tut alles für dein Überleben, für dein Leben, obwohl du so undankbar bist, dass du dich nicht einmal bei deinem Körper bedankst. Im Gegenteil: Die Religionen haben Lehren verbreitet, wie man ihn quält: »Der Leib ist euer Feind; ihr müsst euch von ihm befreien, nicht an ihm festhalten.«

Auch mir ist bekannt, dass wir mehr als der Körper sind und man nicht daran festhalten braucht. Aber Liebe ist nicht Festhalten, Mitgefühl ist nicht Festhalten. Liebe und Mitgefühl sind absolut notwendig und nährend für den Körper. Und je besser der Zustand deines Körpers ist, desto besser kann dein Bewusstsein wachsen. Sie sind eine organische Einheit.

Die Welt braucht eine grundlegend neue Form der Erziehung und Ausbildung, bei der jeder Mensch die Stille des Herzens kennen lernt, mit anderen Worten, Meditation lernt. So wird jeder dazu erzogen, Mitgefühl für seinen Körper zu haben. Wer nämlich kein Mitgefühl mit seinem eigenen Körper hat, kann auch nicht mit anderen Körpern mitfühlen. Der Körper ist ein lebendiger Organismus, der dir nichts angetan hat. Er hat dir seit deiner Empfängnis treu gedient und wird dir bis zu deinem Tod dienen. Er wird alles tun, was du willst – selbst Unmögliches! Er gehorcht dir immer.

Es ist unvorstellbar, wie man einen Mechanismus erschaffen kann, der so gehorsam und weise ist. Wenn du dir alle Funktionen deines Körpers bewusst machst, kannst du nur staunen. Du hast niemals darüber nachgedacht, was dein Körper alles für dich tut. Er ist ein wahres Wunder und so geheimnisvoll! Aber du hast ihn nie wirklich betrachtet. Du hast dich nie darum gekümmert, deinen eigenen Körper kennen zu lernen. Und du gibst vor, andere Menschen zu lieben? Du kannst es gar nicht, denn auch diese anderen erscheinen dir als Körper.

Der Körper ist die geheimnisvollste Erscheinung der ganzen Existenz. Man muss dieses Mysterium lieben, sich mit seinen Geheimnissen und Wirkungsweisen eng vertraut machen.

Die Religionen sind unglücklicherweise immer sehr gegen den Körper gewesen. Aber das ist auch ein Schlüssel, ein klarer Hinweis, dass ein Mensch, der die Weisheit und die Geheimnisse des Körpers verstehen lernt, sich nicht um Priester oder einen Gott schert. Er wird das größte Geheimnis in sich selbst entdecken, denn im Geheimnis des Körpers liegt auch der innerste Schrein deines Bewusstseins verborgen.

Erkennst du einmal dein Bewusstsein, dein innerstes Wesen, gibt es keinen Gott mehr über dir. Nur ein solcher Mensch kann gegenüber anderen Menschen und anderen Lebewesen wirklich respektvoll sein, da sie alle ebenso geheimnisvoll wie er selbst sind – in verschiedenen Ausdrucksformen, verschiedenen Erscheinungen, die das Leben so reich machen. Und hat ein Mensch Bewusstsein in sich selbst entdeckt, hat er den Schlüssel zum Höchsten gefunden. Eine Erziehung, die dich nicht lehrt, deinen Körper zu lieben und Mitgefühl für deinen Körper zu haben, die dich nicht lehrt, wie du seine Geheimnisse erforschen kannst, kann dir niemals beibringen, wie du zu deinem eigenen Bewusstsein vordringst.

Der Körper ist das Tor, das Sprungbrett zum Bewusstsein.

LEGE DIE RÜSTUNG AB

Du trägst eine Rüstung, die dich einschließt. Es ist nur eine Rüstung; sie ist nicht an dir befestigt. *Du* hältst daran fest. Deshalb kann man sie auch einfach fallen lassen, wenn man sich ihrer bewusst wird. Die Rüstung ist tot. Wenn man sie nicht mehr trägt, verschwindet sie. Allerdings trägst du sie nicht nur, sondern nährst und päppelst sie auch noch ständig.

Jedes Kind ist noch flüssig. Bei ihm gibt es keine erstarrten Teile; sein ganzer Körper ist eine organische Einheit. Der Kopf ist nicht wichtig und die Füße sind nicht unwichtig. Es gibt überhaupt keine Unterteilung, keine Abgrenzungen. Im Laufe der Zeit werden jedoch Grenzen gezogen: Der Kopf wird zum Meister; er ist der Boss und der ganze Körper wird unterteilt. Manche Teile sind von der Gesellschaft akzeptiert, manche sind nicht akzeptiert. Manche Teile sind gefährlich für die Gesellschaft und müssen nahezu zerstört werden. Daraus entsteht die ganze Problematik.

Beobachte also, wo du Grenzen in deinem Körper spürst.

Hier sind drei Übungen:

Erstens: Beim Gehen oder Sitzen oder wenn du gerade nichts zu tun hast, atme tief aus. Betone das Ausatmen, nicht das Einatmen. Atme also tief aus; wirf so viel Luft hinaus, wie du kannst. Atme durch den Mund aus, und zwar so langsam, dass es eine Weile dauert. Je länger es dauert, desto besser, denn dann geht es tiefer. Wenn alle Luft, die im Körper war, hinausgeworfen ist, dann atmet der Körper wieder ein. Atme nicht selbst ein. Das Ausatmen sollte langsam und tief gehen, das Einatmen sollte schnell gehen. Dadurch verändert sich die Rüstung um die Brust.

Zweitens: Es ist hilfreich, wenn du auch Joggen gehst. Nicht so viele Kilometer – ein bis zwei Kilometer sind genug. Stelle dir dabei vor, dass eine Last von deinen Beinen verschwindet, als ob sie von ihnen abfällt. An den Beinen trägt man eine Rüstung, wenn man in seiner Freiheit zu sehr beschränkt worden ist; wenn man dir gesagt hat, du sollst dies tun und jenes tun; du sollst dies sein und nicht das; du sollst hierhin gehen und nicht dorthin. Deshalb fange an zu joggen und, während du rennst, achte wieder mehr auf die Ausatmung. Wenn du deine Beine wieder mehr spürst und sie flüssiger werden, wird sehr viel Energie ins Fließen kommen.

Drittens: Wenn du dich nachts schlafen legst und dich ausziehst, dann stelle dir während des Ausziehens vor, dass du nicht nur deine Kleider ausziehst, sondern auch deine Rüstung ablegst. Tu es wirklich. Lege sie ab und atme noch einmal tief durch. Dann lege dich schlafen – ohne Rüstung; nichts ist um den Körper, nichts engt dich ein.

Freier Fall

Setze dich abends in einen Sessel und lasse den Kopf zurückfallen, ganz entspannt und ruhig. Du kannst ein Kissen benutzen, damit du in ruhiger Haltung ohne Spannung im Nacken bist. Dann lasse deinen Unterkiefer los; entspanne ihn einfach, sodass der Mund leicht geöffnet ist. Beginne durch den Mund zu atmen, nicht durch die Nase, aber ohne den Atem zu ändern. Lasse den Atem, wie er ist – natürlich. Am Anfang ist der Atem vielleicht ein wenig hektisch, aber dann wird er sich allmählich beruhigen und sehr flach werden. Er wird nur ganz schwach hinein- und hinausgehen, so sollte es sein. Lasse den Mund offen, die Augen geschlossen und ruhe dich aus.

Dann spüre, wie sich deine Beine lockern, als ob man sie dir abnehmen würde: Sie lösen sich an den Gelenken. Stell dir vor, sie würden dir abgenommen. Sie werden amputiert und sind schon ganz locker. Und dann stell dir vor, dass du nur der Oberkörper bist. Die Beine sind weg.

Dann die Hände: Stell dir vor, beide Arme lockern sich und werden dir abgenommen. Vielleicht kannst du sogar innen ein »Klick!« hören, wenn sie abbrechen. Du bist nicht mehr deine Hände und Arme – sie sind tot, abgenommen. Jetzt bleibt nur noch der Rumpf.

Dann stell dir vor, dir wird der Kopf abgenommen, du wirst geköpft, und dann ist der Kopf ab. Dann lass ihn ganz locker: Wo immer er hinrollt, nach rechts oder links – du kannst nichts machen. Lass ihn einfach locker. Er ist fort.

Dann hast du nur noch den Rumpf. Spüre, dass du nur noch das bist: Brust und Bauch – das ist alles.

Diese Übung dauert mindestens zwanzig Minuten und dann lege dich schlafen. Man sollte sie kurz vor dem Schlafengehen machen, und zwar mindestens drei Wochen lang.

Durch diese Übung wird sich deine Unruhe legen. Wenn man diese Teile getrennt von sich sieht, bleibt nur noch das Wesentliche, und die ganze Energie konzentriert sich auf den wesentlichen Teil. Dieser wesentliche Teil wird sich entspannen. Dann fließt die Energie zurück in die Beine, in die Hände und in den Kopf. Aber nun ist sie ausgeglichener.

KEHLENPUTZER

Wenn du dich schon seit deiner Kindheit nicht so ausdrücken kannst, wie du gerne möchtest, wenn du nie sagen konntest, was du sagen wolltest, wenn du nie tun konntest, was du tun wolltest, dann bleibt diese unausgedrückte Energie in deiner Kehle stecken. Die Kehle ist das Zentrum des Ausdrucks: Dort werden die Dinge nicht nur geschluckt, sondern auch ausgedrückt. Viele Menschen benutzen die Kehle jedoch nur zum Runterschlucken. Die eine Hälfte ist in Benutzung und die andere – die weit wichtigere – bleibt ausgehungert.

Es gibt einige Dinge, die man tun kann, um seine Ausdrucksfähigkeit zu verbessern. Wenn du jemanden liebst, sage der Person alles, was du ihr sagen willst, selbst wenn es dir verrückt vorkommt. Manchmal ist es gut, verrückt zu sein. Sage Dinge, die dir spontan in den Sinn kommen – ohne zu überlegen; halte sie nicht zurück. Wenn du jemanden liebst, dann sei total ehrlich; kontrolliere dich nicht. Wenn du wütend bist und du willst etwas sagen, dann sage es wirklich mit Feuer. Nur kalte Wut ist schlimm, heiße Wut ist es nicht – niemals. Kalte Wut ist wirklich gefährlich. So hat man es uns beigebracht: Man muss cool bleiben, auch wenn man wütend ist. Doch dann bleibt das Gift im System. Manchmal ist es einfach gut, zu schreien und zu toben und jede Emotion zuzulassen.

Setze dich abends hin und beginne dich hin und her zu wiegen, und zwar so, dass eine Hinterbacke den Boden berührt, wenn du nach einer Seite gehst, und wenn du nach der anderen Seite gehst, dann berührt die andere Hinterbacke den Boden – deshalb sollte man auf einer härteren Unterlage sitzen. Jeweils nur eine Hinterbacke soll den Boden berühren, nicht beide zusammen.

Dies ist eine uralte Methode, um die Energie von der Basis der Wirbelsäule in Bewegung zu bringen.

Wenn dir etwas in der Kehle steckt, das heißt, wenn dort Energie ist und du die Fähigkeit entwickelt hast, diese Energie ständig zu kontrollieren, dann sollte die Kehle richtig durchgespült werden, damit die Kontrolle weniger wird und die Energie steigt, bis du sie nicht mehr kontrollieren kannst und der Damm bricht. Wiege dich 15 bis 20 Minuten lang hin und her.

Nach zehn Minuten mache damit weiter und sage dabei: Allah ... »Allah!« Sage »Allah«, wenn du zur einen Seite gehst, dann wieder »Allah«, wenn du zur anderen Seite gehst. Nach einer Weile wirst du spüren, dass die Energie steigt und dass »Allah« immer lauter wird. Nach etwa zehn Minuten wirst du fast schreien:»Allah!« Du beginnst zu schwitzen und die Energie wird so feurig, bis das »Allah«« fast verrückt wird. Ist der »Damm« einmal gebrochen, wird man völlig wild.

Die englischen Worte »Damm« (dam) und »verrückt« (mad) sind sehr gut: Sie haben dieselben Buchstaben! In einer Richtung bedeutet es »Damm«, und anders herum bedeutet es »verrückt«.

Du wirst diese Technik genießen. Sie wird dir komisch vorkommen, aber sie wird dir gefallen. Du kannst sie auch zweimal am Tag machen: zwanzig Minuten morgens und zwanzig Minuten abends.

Zur Entspannung des Bauchs

Nachdem du am Morgen deinen Darm entleert hast, nimm ein trockenes, nicht zu weiches Handtuch und reibe deinen Bauch damit ab. Zieh den Bauch ein und reibe ihn kräftig. Beginne auf der rechten Seite und gehe mit dem Handtuch im Kreis herum, immer um den Nabel herum, sodass du dir eine gute Massage gibst. Zieh den Bauch ein, damit die ganzen Gedärme massiert werden. Mache es nach jedem Stuhlgang – bis zu zwei- oder dreimal am Tag.

Eine zweite Übung für den Bauch: Atme so tief du kannst, und das so oft wie möglich, allerdings nur tagsüber, zwischen Sonnenaufgang und -untergang, niemals in der Nacht. Je mehr du atmest, desto besser; je tiefer du atmest, desto besser.

Aber vergiss eins nicht: Das Atmen sollte vom Bauch kommen, nicht von der Brust. Das heißt, wenn du einatmest, hebt sich der Bauch, nicht die Brust. Wenn du einatmest, geht der Bauch nach außen, und wenn du ausatmest, geht der Bauch nach innen. Atme nicht vom Brustkorb, als hätte er nichts damit zu tun. Atme nur vom Bauch, sodass der ganze Tag wie eine sanfte Massage ist.

Beobachte, wie ein Kleinkind atmet. So atmet man richtig und natürlich. Der Bauch bewegt sich auf und ab und die Brust bleibt völlig unberührt von dem Luftstrom. Seine ganze Energie konzentriert sich in der Nähe des Nabels.

Im Laufe der Zeit verlieren wir den Kontakt mit dem Nabel. Wir sind immer mehr im Kopf und unser Atem wird flach. Atme also tagsüber so tief wie möglich, jedesmal wenn du dich daran erinnerst – und lass dabei den Bauch atmen.

Beim Schlafen atmet jeder richtig, weil sich dann der Kopf nicht einmischt. Der Bauch bewegt sich auf und ab und der Atem wird automatisch tief. Man braucht sich nicht zu zwingen, tief zu atmen. Bleibe einfach natürlich; dann wird er von selbst tief. Tiefe kommt von selbst, wenn man natürlich ist.

Tanze wie ein Baum

Geh nach draußen, so oft es dir möglich ist, und stehe unter den Bäumen. Werde zum Baum und lass den Wind durch dich hindurch blasen.

Sich vorzustellen, man ist ein Baum, ist sehr nährend und gibt Kraft. Man kommt dabei sehr leicht in Kontakt mit seinem ursprünglichen Bewusstsein – die Bäume haben es noch. Sprich mit den Bäumen. Umarme sie. Wenn es dir nicht möglich ist, nach draußen zu gehen, dann stelle dich in die Mitte des Raums und stell dir vor, du bist ein Baum. Es regnet, es kommt ein starker Wind und du beginnst zu tanzen. Tanze aber als Baum, du wirst allmählich in den fließenden Rhythmus kommen.

Es geht eigentlich nur darum, die Kunst zu erlernen, wie man seine Energie im Fluss hält.

Dies ist ein Schlüssel. Du kannst ihn immer benutzen, wenn du das Gefühl hast, etwas in dir verschließe sich.

ENTSPANNE DICH IN DEN SCHLAF

Stelle dich jeden Abend vor dem Schlafengehen in die Mitte des Raums – genau in die Mitte – und mache deinen Körper so steif wie möglich, als würdest du gleich explodieren. Bleibe zwei Minuten lang so stehen, und dann entspanne dich zwei Minuten. Wiederhole dieses Anspannen und Entspannen zwei- oder dreimal und dann gehe schlafen.

Der ganze Körper sollte dabei so stark wie möglich angespannt werden. Danach solltest du nichts mehr tun; dann kann in der Nacht die Entspannung immer tiefer gehen.

Klanglose Stille

Es gibt eine Stille, die nur dann kommt, wenn man vollkommen unkontrolliert ist. Sie senkt sich von oben herab. Man sollte also nie vergessen, dass man durch Kontrolle seine Energie ablenkt. Der Kopf ist ein großer Diktator; er versucht alles zu kontrollieren. Und wenn er etwas nicht kontrollieren kann, dann verleugnet er es. Er behauptet, dass es gar nicht existiert.

Mache die folgende Meditation jeden Abend vor dem Schlafengehen. Setze dich im Bett hin und schalte das Licht aus. Du solltest vorher mit allem fertig sein, was du tun wolltest, denn nach der Meditation solltest du dich gleich schlafen legen. Tu also dann nichts mehr; der »Macher« darf nach der Meditation nicht mehr zum Zuge kommen. Entspanne dich einfach und lass dich in den Schlaf gleiten, denn auch der Schlaf kommt von selbst; du kannst ihn nicht kontrollieren. Der Schlaf hat eine Eigenschaft, die der Meditation – der Stille – sehr ähnlich ist: Er kommt von selbst. Deshalb haben so viele Menschen Schlafstörungen. Sie versuchen, sogar das zu kontrollieren und haben deshalb Probleme mit dem Schlafen. Es gibt nichts, was man dabei tun könnte. Man kann einfach nur warten. Man kann einfach nur in einer entspannten, empfänglichen Stimmung sein.

Nach dieser Meditation sollte man sich also nur entspannen und schlafen gehen, damit Kontinuität da ist und die Meditation im Fluss bleibt. Die Schwingung wird die ganze Nacht da sein. Wenn du am Morgen die Augen öffnest, wirst du spüren, dass du auf eine ganz andere Art geschlafen hast. Die Qualität hat sich geändert: Es war nicht nur der Schlaf, sondern auch etwas anderes war da, was tiefer ist als Schlaf. Etwas hat dich überkommen, und du weißt nicht, was es ist und wie du es einordnen sollst.

Die Meditation ist ganz einfach. Sitze im Bett, entspanne deinen Körper, schließe die Augen und stell dir vor, dass du dich im Gebirge verirrt hast. Es ist eine dunkle Nacht, der Mond scheint nicht und es ist bewölkt. Du kannst nicht einmal einen einzigen Stern sehen; es ist stockdunkel. Du siehst nicht einmal deine Hand vor den Augen. Du hast dich in den Bergen verirrt und es ist sehr schwer, den Weg zu sehen. Es besteht höchste Gefahr: Jeden Moment kannst du ins Tal abstürzen, in einen Abgrund fallen und für immer weg sein. Deshalb tastest du dich sehr vorsichtig voran. Du bist hellwach, weil höchste Gefahr besteht, und wenn es so gefährlich ist, muss man hellwach sein.

Die dunkle Nacht und das Gebirge stellt man sich deshalb vor, um eine hoch gefährliche Situation herzustellen. Und du sollst hellwach ein. Du würdest selbst eine Stecknadel fallen hören. Dann kommst du plötzlich an einen Felsvorsprung. Du kannst spüren, dass es nun nach vorne nicht mehr weiter geht, und man weiß ja nie, wie tief der Abgrund ist. Also nimmst du einen Stein und wirfst ihn in den Abgrund, um zu sehen, wie tief er ist.

Warte und horche, ob du den Stein auf andere Steine fallen hörst. Horche weiter, und horche weiter, und horche weiter. Aber es ist kein Laut zu hören. Dieser Abgrund scheint bodenlos zu sein. Während du die ganze Zeit aufmerksam horchst, spürst du, wie Angst aufsteigt. Und mit dieser Angst wird dein Bewusstsein natürlich wie eine Flamme.

Lass dieses Bild in deiner Vorstellung sein: Du wirfst den Stein und wartest. Du horchst und horchst mit klopfendem Herzen und es kommt kein Laut. Es herrscht tiefe Stille. Und in dieser Stille schläfst du ein. Lass dich in dieser lautlosen Stille in den Schlaf fallen.

Der Energiefluss

Energie fließt immer in die Richtung eines Objekts der Liebe.

Wenn du also das Gefühl hast, dass deine Energie blockiert ist: Hier ist das Geheimnis, wie du sie wieder fließen lassen kannst. Finde ein Objekt für deine Liebe. Es kann irgendein beliebiges Objekt sein – es ist nur ein Vorwand. Wenn du einen Baum sehr liebevoll berühren kannst, wird die Energie wieder fließen. Denn wo immer Liebe ist, dorthin fließt die Energie. Es ist genau wie mit Wasser, das immer nach unten fließt: Egal, wo das Meer ist – das Wasser sucht sich den Weg zum Meeresspiegel und fließt immer dorthin.

Egal, wo Liebe ist – Energie sucht sich den Weg zum »Liebesspiegel« und geht immer dorthin.

Eine Massage zu geben kann hilfreich sein, wenn du sie sehr liebevoll gibst. Aber eigentlich kann alles hilfreich sein. Nimm einen Stein mit großer Liebe in die Hand und lass dich von ihm zutiefst berühren. Schließe die Augen und fühle tiefe Zuneigung zu dem Stein. Sei dankbar, dass es den Stein gibt. Sei dankbar, dass er deine Liebe annimmt. Plötzlich merkst du, dass etwas pulsiert und die Energie in Fluss kommt. Nach einiger Zeit brauchst du kein Objekt mehr. Du brauchst dir einfach nur vorzustellen, dass du jemanden liebst, und die Energie kommt ins Fließen. Dann kannst du die Vorstellung auch loslassen. Sei einfach liebevoll und Energie wird fließen.

Liebe ist Fließen. Wenn wir eisig oder verhärtet sind, liegt es daran, dass wir nicht lieben.

Liebe ist Wärme. Der eisige Zustand kann nicht anhalten, wenn Wärme da ist. Wenn keine Liebe da ist, ist alles kalt. Man fällt unter den Gefrierpunkt.

Man sollte sich also immer daran erinnern: Liebe ist warm und Hass ebenso. Gleichgültigkeit ist kalt. Energie fließt also auch manchmal, wenn du hasst. Dieser Fluss ist natürlich negativ. Auch bei Wut beginnt Energie zu fließen, deshalb fühlt man sich irgendwie gut, wenn man richtig wütend war. Man hat etwas herausgelassen. Es ist destruktiv. Wäre es durch Liebe freigesetzt worden, hätte es auch kreativ sein können, aber es ist besser, als wenn es gar nicht herauskommt.

Wenn du gleichgültig bist, bist du nicht im Fluss. Deshalb ist alles gut, was dich schmelzen lässt und dich wärmt. Es geht nicht darum, eine Massage zu geben; die hilft nur, weil man sich um jemanden kümmert und ihm Liebe gibt. Jetzt versuche dasselbe mit einem Stein: Massiere den Stein und schau, was passiert. Aber sei liebevoll dabei. Versuche es mit einem Baum. Wenn du spürst, dass etwas passiert, sitze einfach still da. Probiere es einfach mit allem aus. Denke an jemanden, den du liebst: einen Mann, eine Frau, ein Kind oder eine Blume. Denke an diese Blume – allein die Vorstellung reicht, und plötzlich merkst du, dass Energie fließt.

Dann kannst du auch die Vorstellung weglassen. Setze dich einmal nur still hin und liebe – ohne Adresse, ohne an jemanden zu denken. Sei einfach in einer liebenden Stimmung und sitze still und liebevoll da. Und du wirst spüren, dass die Energie fließt. Dann hast du den Schlüssel. Liebe ist der Schlüssel. Liebe ist der Fluss.

Umleitung der sexuellen Energie

Sitze aufrecht auf einem Stuhl oder auf dem Boden, halte den Rücken gerade, aber locker und entspannt.

Atme langsam und tief ein. Beeile dich nicht; atme ganz langsam weiter ein. Zuerst hebt sich der Bauch; du atmest weiter ein. Dann hebt sich die Brust und schließlich spürst du, dass die Luft dich bis zum Hals hinauf füllt. Halte dann einen Moment lang deinen Atem an, aber nur so lange, wie du es ohne Anspannung schaffst, und dann atme aus. Atme auch ganz langsam aus – nun in der umgekehrten Reihenfolge. Wenn der Bauch leer ist, ziehe ihn ein, sodass alle Luft hinausgeht. Wiederhole diesen Vorgang siebenmal.

Dann sitze still und sage innerlich immer wieder: »Om ..., om ..., om.« Konzentriere dich dabei auf das »Dritte Auge«, den Punkt zwischen den Augenbrauen. Vergiss das Atmen und wiederhole die ganze Zeit: »Om ..., om ..., om ...«, ein wenig schläfrig, wie eine Mutter, die ihr Kind in den Schlaf singt. Der Mund sollte geschlossen sein, wobei die Zunge den Gaumen berührt und deine ganze Aufmerksamkeit auf das Dritte Auge gerichtet ist. Nach zwei oder drei Minuten wirst du merken, dass sich dein ganzer Kopf entspannt. Wenn er sich zu entspannen beginnt, spürst du sofort, dass innerlich etwas losgelassen wird, dass eine Anspannung verschwindet.

Dann bringe die Aufmerksamkeit weiter nach unten in den Hals, wobei du weiter »Om« wiederholst. Nun konzentrierst du dich jedoch auf die Kehle. Dann merkst du, wie sich deine Schultern, dein Hals und dein Gesicht entspannen; die Spannung fällt von dir ab wie eine Last, und du fühlst dich, als hättest du kein Gewicht. Dann geh noch tiefer und richte die Aufmerksamkeit auf den Nabel, wobei du weiter »Om« sagst. Du gehst immer tiefer und tiefer, bis du schließlich zum Sex-Zentrum kommst. Das Ganze dauert höchstens zehn bis 15 Minuten, also kannst du langsam machen – es hat keine Eile.

Hast du das Sex-Zentrum erreicht, ist der ganze Körper entspannt. Nun bemerkst du ein Leuchten, als ob du von einer Aura oder von Licht umgeben wärst. Du bist voller Energie, aber die Energie ist wie ein Sammelbecken – vollkommen gefüllt, doch ohne Wellen. Dann kannst du in diesem Zustand sitzen, solange du möchtest.

Die Meditation ist vorbei. Nun genießt du nur noch. Höre auf mit dem »Om« und sitze einfach da. Wenn du möchtest, kannst du dich hinlegen, aber wenn du deine Position änderst, wird der Zustand schneller verschwinden. Bleibe also noch ein wenig sitzen und genieße es.

Diese Meditation bewirkt, dass man sich total entspannt, wenn der Körper aus irgendeinem Grund zu sehr angespannt war.

Anonyme Nägel-Kauer

Man kaut an den Fingernägeln oder raucht Zigaretten, weil zu viel Energie da ist und man nicht weiß, wie man damit umgehen soll. Ob man nun an den Nägeln kaut oder raucht – es ist dasselbe. Man tut etwas, um sich beschäftigt zu halten, weil sonst die Energie nicht auszuhalten ist.

Verurteilt man es und sagt: »Das sind nervöse Störungen«, dann wird noch mehr Energie unterdrückt. Hat man denn nicht einmal die Freiheit, seine Nägel zu kauen? Nicht einmal deine eigenen Nägel darfst du kauen, die schließlich dir gehören! Dann findet man die Hintertürchen – Kaugummi! Das sind subtile Methoden; da hat keiner etwas dagegen! Auch wenn du eine Zigarette rauchst, haben die Leute nichts dagegen. Dabei ist es viel weniger schädlich, an den Nägeln zu kauen – eigentlich überhaupt nicht schädlich. Es ist ein harmloses Vergnügen. Es sieht ein wenig hässlich aus und wirkt etwas kindisch – das ist alles. Und du versuchst, es nicht zu tun.

Man muss lernen, seine Energie mehr auszuleben. Das ist alles, was nötig ist – und diese Gewohnheiten werden verschwinden. Tanze mehr, singe mehr, schwimme mehr, mache lange Spaziergänge. Benutze deine Energie kreativ. Lebe nicht das Minimum, sondern das Maximum. Lebe dein Leben intensiver. Wenn du dich in der Liebe hingibst, gib dich total und wild hin, nicht »damenhaft« – das ist das Minimum. »Damenhaft« ist eine Person, die auf Sparflamme lebt oder überhaupt nicht lebt, sondern nur so tut als ob. Sei wild! Und weil du kein

Kind mehr bist, kannst du bei dir zu Hause so viel Unfug machen, wie du willst: Springe, singe und renne herum!

Probiere es ein paar Wochen aus und du wirst staunen: Das Nägelkauen verschwindet ganz von selbst. Jetzt hast du viel interessantere Dinge zu tun – wen kümmern schon die Nägel? Aber schau immer nach der Ursache und mache dir niemals zu viele Sorgen um die Symptome.

Sag doch Ja!

Nein! ist unsere Grundeinstellung. Warum? Weil man mit einem Nein das Gefühl hat, jemand zu sein. Die Mutter glaubt, sie ist jemand, weil sie Nein sagen kann. Dem Kind wird etwas verboten. Das Ego des Kindes ist verletzt, das Ego der Mutter ist erfüllt. Ein Nein befriedigt das Ego; es ist Futter für das Ego. Deshalb üben wir uns darin, Nein zu sagen.

In allen Lebensbereichen findet man heute Neinsager, denn mit dem Nein hat man eine Art Autorität. Man ist jemand, weil man Nein sagen kann. Sagt man »Jawohl!«, fühlt man sich unterlegen, fühlt sich wie ein Untergebener, ein Niemand. Nur dann sagt man: »Yes, Sir.«

Ein Ja ist positiv; ein Nein ist negativ.

Vergiss nicht: Ein Nein befriedigt das Ego; ein Ja ist eine Methode, sein wahres Selbst zu entdecken. Mit Nein wird das Ego gestärkt, mit Ja wird es zerstört.

Prüfe in jeder Situation zuerst, ob du Ja sagen kannst. Wenn du wirklich nicht Ja sagen kannst, wenn es ausgeschlossen ist, Ja zu sagen, erst dann sage Nein.

Aber wir haben die Gewohnheit entwickelt, zunächst einmal immer Nein zu sagen. Wenn es unmöglich ist, Nein zu sagen, nur dann sagen wir Ja und fühlen uns wie Verlierer.

Versuche es einmal. Mache dir selbst das Versprechen, dass du 24 Stunden lang in jeder Situation zunächst einmal versuchst, Ja zu sagen. Schau dir an, wie tief dich das entspannen kann. In ganz normalen Situationen: Dein Sohn fragt dich, ob er ins Kino gehen darf. Er wird sowieso hingehen; dein Nein bedeutet nichts. Im Gegenteil: Dein Nein motiviert ihn erst recht dazu, dein Nein macht das Kino attraktiver, denn je mehr du dein Ego aufbaust, desto mehr versucht er, sein Ego aufzubauen. Er wird versuchen, sich gegen dein Nein zu stellen und kennt alle Tricks, dein Nein in ein Ja zu verwandeln. Er weiß, wie man Dinge verwandelt. Er weiß: Man muss sich nur ein wenig anstrengen, man muss nur ein bisschen beharrlich sein und dein Nein wird zum Ja.

Versuche 24 Stunden lang, alles mit einem Ja anzugehen. Es wird dir schwer fallen, weil dir bewusst wird, wie oft sofort zunächst das Nein kommt. Es ist zur Gewohnheit geworden. Gehe nicht darauf ein, sondern sag einfach Ja, und dann schau, wie sehr dich das Ja entspannt.

Richtig Denken bedeutet, den Gedanken mit einem Ja zu beginnen. Das heißt nicht, dass du nicht Nein sagen kannst; es bedeutet nur, mit einem Ja zu beginnen. Wenn du mit einem Nein beginnst, wirst du nicht viele Gründe finden, Ja zu sagen. Mit dem Ausgangspunkt ist bereits zu neunzig Prozent über die Angelegenheit entschieden. Wie du anfängst, wird alles gefärbt – auch das Ende. Richtiges Denken heißt: Denke nach, aber mit Wohlwollen. Denke nach, aber mit einem Ja auf der Zunge.

Lache deine Probleme weg

Setz dich still hin und fange ganz tief im Bauch an zu kichern. Dann lasse deinen ganzen Körper gleichsam kichern oder lachen. Kringle dich vor Lachen, wiege dich hin und her; lass zu, dass sich das Lachen vom Bauch über den ganzen Körper ausbreitet: Selbst die Hände lachen, die Füße lachen; lache wie verrückt!

Lache zwanzig Minuten lang. Wenn es laut und schallend kommt, lass es zu. Wenn es leise kommt, dann lache mal leise, mal laut, aber lache auf jeden Fall zwanzig Minuten.

Dann lege dich auf den Boden oder die Erde, und zwar ausgestreckt auf den Bauch. Wenn es warm ist, lache im Garten auf der Erde; das ist viel besser. Wenn du es nackt tun kannst, ist es sogar noch besser. Nimm Kontakt mit der Erde auf, während der Körper auf dem Boden liegt. Spüre, dass die Erde die Mutter ist und du das Kind bist. Verliere dich in diesem Gefühl.

Zwanzig Minuten Lachen, dann zwanzig Minuten Erden: eine tiefe Verbindung mit der Erde. Atme mit der Erde und fühle dich eins mit der Erde. Wir kommen aus der Erde und eines Tages gehen wir zurück zu ihr. Nachdem du zwanzig Minuten lang auf diese Weise Energie getankt hast – die Erde gibt dir nämlich so viel Kraft, dass du ganz anders tanzen kannst –, dann tanze zwanzig Minuten lang ... einfach irgendeinen Tanz. Lege Musik auf und tanze.

Wenn es draußen zu kalt oder nicht möglich ist, kannst du es auch im Zimmer machen. Wenn die Sonne scheint, sei dabei möglichst draußen: Wenn es sehr kalt ist, decke dich mit einer Decke zu. Finde Mittel und Wege, diese Übung für längere Zeit zu machen. Nach einigen Monaten wirst du feststellen, dass du dich ganz von selbst sehr verändert hast.

3: Die Kunst des Herzens

Wie man sein Liebespotenzial stärkt

Wir sind zu sehr vom Kopf bestimmt. Unsere ganze Erziehung, unsere Zivilisation ist besessen vom Kopf, da alle möglichen technischen Fortschritte mit Hilfe des Kopfes gemacht worden sind, und wir denken, das sei alles.

Was hat uns das Herz zu geben? Zugegeben, es kann keine großartigen Technologien entwickeln; es baut keine großen Industrieprojekte; es bringt auch kein Geld ein. Es kann uns Freude schenken und Fröhlichkeit. Es kann uns einen tiefen Sinn für Schönheit, für Musik, für Dichtung geben. Es kann uns in die Welt der Liebe führen und letztendlich in die Welt des Gebets, aber all diese Dinge sind keine Waren. Das Bankkonto kann man mit dem Herzen nicht füllen und man kann keine großen Kriege damit führen, keine Atombomben oder Wasserstoffbomben bauen; man kann mit dem Herzen andere Menschen nicht vernichten. Das Herz weiß nur, wie man schöpferisch ist, während der Kopf genau weiß, wie man zerstört. Der Kopf ist destruktiv und unsere ganze Erziehung sitzt im Kopf wie in einer Falle.

Unsere Universitäten, unsere Hochschulen und Schulen sind alle darauf ausgerichtet, die Menschheit zu zerstören. Sie glauben, ihr zu dienen, aber sie machen sich nur selbst etwas vor. Die Menschheit bleibt unglücklich und wird noch unglücklicher werden, solange nicht ein Gleichgewicht hergestellt wird, solange das Herz nicht ebenso wachsen kann wie der Kopf. Je kopflastiger wir werden, desto mehr vergessen wir, dass das Herz überhaupt da ist und werden immer unglücklicher. Wir schaffen uns die Hölle auf Erden und darin werden wir immer besser.

Das Paradies gehört dem Herzen. Doch was ist geschehen? Das Herz ist völlig in Vergessenheit geraten. Niemand mehr versteht seine Sprache. Wir verstehen etwas von Logik, aber von der Liebe verstehen wir nichts. Wir verstehen etwas von Mathematik, aber von der Musik verstehen wir nichts. Wir gewöhnen uns immer mehr daran, dass die Welt eben so ist, und kaum einer scheint den Mut zu haben, sich in unbekannte Gefilde zu begeben, in das verwirrende Labyrinth der Liebe, des Herzens. Wir haben uns zu sehr an die Welt der Prosa angepasst. Die Poesie ist ganz in Vergessenheit geraten.

Der Poet ist ausgestorben, und der Poet ist die Brücke zwischen dem Wissenschaftler und dem Mystiker. Diese Brücke ist verschwunden. Auf der einen Seite steht der Wissenschaftler; er hat Macht, große Macht und ist bereit, die ganze Erde zu zerstören, alles Leben zu vernichten. Und auf der anderen Seite stehen einige wenige: Mystiker wie Buddha, Jesus, Zarathustra. Sie sind völlig machtlos in dem Sinn, wie wir Macht verstehen, und sie haben große Macht in einem ganz anderen Sinn, aber diese Sprache kennen wir gar nicht. Dass es keine Poeten mehr gibt, ist das größte Unglück. Die Poeten sterben aus.

Und mit Poeten meine ich auch die Maler und die Bildhauer. Alles, was am Menschen kreativ ist, wird reduziert, damit immer mehr nützliche Waren produziert werden. Kreativität verliert an Boden und Produktivität wird zum Ziel des Lebens.

Statt der Kreativität halten wir Produktivität für wertvoll. Wir reden darüber, wie man noch mehr produzieren kann. Mit Hilfe von Produktion kann man Dinge haben, aber sie gibt uns keine Werte. Produktion macht uns äußerlich reich, aber lässt uns innerlich verarmen. Produktion ist nicht schöpferisch. Produktion ist ausgesprochen mittelmäßig. Jeder Dummkopf kann produzieren, man muss nur den Trick lernen.

Und der Poet ist tot. Es gibt ihn nicht mehr. Was heute unter dem Namen Dichtung produziert wird, ist schon fast Prosa. Was heute als Bild bezeichnet wird, ist mehr oder weniger ein Ausdruck von Wahnsinn. Man kann es an Picasso, Dalí und anderen sehen – es ist pathologisch! Picasso ist ein Genie, doch er ist krank, pathologisch. Seine Malerei ist nichts anderes als eine Katharsis. Sie hat ihm geholfen; sie ist eine Art von Erbrechen. Wenn man sich den Magen verdorben hat, ist es sehr erleichternd, sich zu übergeben. Das Malen hat Picasso geholfen. Hätte man ihn am Malen gehindert, wäre er verrückt geworden. Es hat ihm gut getan zu malen, es hat ihn davor gerettet, den Verstand zu verlieren – er hat seinen Wahnsinn auf die Leinwand gebracht. Doch was ist mit den Leuten, die diese Bilder kaufen und sie sich ins Schlafzimmer hängen? Ihnen muss schlecht davon werden!

Ich habe eine ganz andere Kreativität im Sinn. Schaut man sich so etwas wie Taj Mahal in einer Vollmondnacht an, gerät man unweigerlich in den Zustand tiefer Meditation. Oder die Tempel von Khajuraho, Konarak, Puri: Wer dort meditiert, kann nur staunen, wie sich Sexualität in Liebe verwandelt. Sie sind wahre Wunderwerke der Kreativität.

Die großen Kathedralen in Europa: Sie sind die Sehnsucht der Erde, sich mit dem Himmel zu vereinigen. Man braucht diese großartigen Schöpfungen nur anzuschauen und das Herz singt vor Freude oder man wird von tiefer Stille überwältigt. Der Mensch hat den Drang nach Poesie, nach Kreativität verloren oder er ist irgendwann in ihm abgetötet worden. Wir sind zu sehr an nützlichen Sachen, an Spielereien interessiert; wir wollen immer mehr Dinge herstellen. Bei Produktion geht es um Quantität; bei Kreativität geht es um Qualität.

Wir müssen das Herz wieder entdecken. Wir müssen uns der Natur wieder bewusster werden; wir müssen wieder lernen, Rosen und Lotosblüten anzuschauen. Wir müssen wieder Kontakt aufnehmen mit den Bäumen, den Steinen und den Flüssen. Wir müssen wieder den Dialog mit den Sternen führen!

Freue dich an der Liebe

Immer wenn du liebst, bist du fröhlich. Wer nicht lieben kann, kann sich auch nicht freuen. Freude ist eine Funktion der Liebe; sie folgt der Liebe wie ein Schatten.

Je liebevoller du wirst, desto mehr kannst du dich freuen. Kümmere dich nicht darum, ob deine Liebe erwidert wird oder nicht, oder ob der andere dafür offen ist. Das ist das Schöne an der Liebe: dass sie selbst schon das Ergebnis ist, dass sie ein Wert an sich ist. Sie ist nicht davon abhängig, wie der andere sich dazu verhält; sie gehört ganz und gar dir. Und es macht keinen Unterschied, zu wem du liebevoll bist: ob zu einem Hund, zu einer Katze, zu einem Baum oder zu einem Stein.

Setze dich zu einem Felsen oder Stein und sei liebevoll. Unterhalte dich ein wenig mit ihm, küsse ihn oder lege dich darauf. Fühle dich eins mit dem Felsen und plötzlich spürst du, wie du vor Energie bebst, wie sie in dir aufwallt und du plötzlich ganz fröhlich wirst. Der Felsen hat dir vielleicht nichts zurückgegeben oder er hat es eben doch getan, aber das spielt keine Rolle. Du bist voller Freude, weil du Liebe gegeben hast. Wer liebt, der freut sich.

Kennst du diesen Schlüssel, kannst du 24 Stunden am Tag fröhlich sein. Wer 24 Stunden lang liebevoll sein kann, ist nicht mehr davon abhängig, ein Objekt für seine Liebe zu brauchen, denn dann kann man sogar, wenn niemand da ist, liebevoll sein. Du kannst auch die Leere lieben, die dich umgibt. Du sitzt allein in deinem Zimmer und füllst den ganzen Raum mit deiner Liebe aus. Selbst wenn du im Gefängnis sitzt, kannst du es innerhalb von

Sekunden in einen Tempel verwandeln. In dem Augenblick, in dem du es mit Liebe füllst, ist es kein Gefängnis mehr. Und umgekehrt wird selbst ein Tempel zum Gefängnis, wenn keine Liebe da ist.

Öffne die Blütenblätter des Herzens

Manchmal spürt man sein Herz, aber es ist eher wie eine Knospe, nicht wie eine Blüte. Doch eine Knospe kann zur Blüte werden. Dafür kannst du eine Atemübung machen. Mache diese Übung mit leerem Magen, entweder vor einer Mahlzeit oder mindestens drei Stunden, nachdem du gegessen hast. Wirf alle Luft aus deinem Körper hinaus: Atme tief aus, zieh den Bauch ein und lass die ganze Luft nach draußen. Wenn du spürst, dass alle Luft draußen ist, dann halte ein. Atme nicht wieder ein, so lange du es aushältst – zwei oder drei Minuten. Drei Minuten sind am besten. Es ist schwer, aber mit der Zeit wirst du in der Lage sein, es zu tun. Du wirst völlig ausgehungert sein nach Luft und dann kommt sie wie ein Sturm zurück. Du wirst in diesem Sturm große Freude empfinden und dich total lebendig fühlen. Es hilft dir, dein Herz zu öffnen. Du brauchst etwas, was tief in dein Herz eindringt. Man kann diese Übung immer machen, wenn man will, allerdings nicht öfter als sieben Mal hintereinander. Du kannst sie drei-, vier- oder fünfmal am Tag machen, das ist kein Problem. Aber vergiss nicht, dass der Magen leer sein sollte, damit du die Luft wirklich nach draußen stoßen kannst. Und dann sollte sie so lange wie möglich draußen bleiben. Habe keine Angst; du wirst nicht sterben, denn wenn es unmöglich wird, sie draußen zu halten, verliert man die Kontrolle, und die Luft stürmt von allein herein. Nach einer Weile kann man seinen Atem drei Minuten lang draußen lassen, und wenn er dann wieder hereinstürmt, öffnen sich die Blütenblätter des Herzens. Dies ist eine der wirksamsten Methoden, das Herz zu öffnen.

Liebe ist wie Atmen

Wenn du deinen Atem behalten willst, stirbst du, weil er alt und schal wird. Er stirbt ab. Er verliert seine Vitalität, seine Lebensbedingungen. Genau so ist es mit der Liebe. Sie ist wie Atmen: Jeden Moment erneuert sie sich selbst. Wenn die Liebe schal wird und man aufhört, sie zu atmen, verliert das Leben allen Sinn. Und das geschieht mit vielen Menschen. Der Kopf ist so dominant geworden, dass er sogar das Herz beeinflusst. Selbst das Herz will den anderen dominieren und besitzen. Das Herz weiß eigentlich gar nicht, was Besitzen ist, aber es ist vom Kopf verschmutzt und vergiftet.

Das sollte man nie vergessen. Sei verliebt ins Dasein und lasse deine Liebe wie das Atmen sein. Atme ein und atme aus und lasse es die Liebe sein, die kommt und wieder geht. Lerne, mit jedem Atemzug die magische Kraft der Liebe zu wecken. Das soll deine Meditation sein: Spüre beim Ausatmen, dass deine Liebe nach draußen in die Existenz strömt. Beim Einatmen strömt dann die Liebe der ganzen Existenz in dich hinein.

Bald wirst du sehen, dass sich die Art, wie du atmest, ändert. Du machst eine völlig neue Erfahrung. Deshalb haben wir in Indien das Wort »Prana«, das auch »Leben« bedeutet, nicht nur Atem. Atmen ist nicht nur Sauerstoff. Es ist noch etwas anderes da: die eigentliche Essenz des Lebens, das göttliche Selbst. Wenn wir es einladen, wird es sich langsam einschleichen – mit dem Atem.

Lass dies deine Meditation sein, deine Technik. Wenn du still sitzt und einfach nur atmest, atme Liebe. Du wirst deine Freude daran haben. Es ist wie ein innerer Tanz.

Atmen ist wie Liebe

Atmen ist eine Erfahrung, die immer tiefgründiger untersucht, beobachtet und analysiert werden sollte. Beobachte beispielsweise, wie sich dein Atem mit deinen Emotionen verändert, und umgekehrt: wie sich deine Emotionen mit dem Atmen verändern. Wenn du zum Beispiel Angst hast, beobachte, wie sich dein Atem verändert. Dann versuche einmal, deinen Atem so zu verändern, wie er war, als du Angst hattest. Du wirst staunen: Wenn du dein Atemmuster genau so ändern kannst, wie es war, als du Angst hattest, dann wirst du Angst bekommen, und zwar sofort.

Beobachte deinen Atem, wenn du in jemanden total verliebt bist. Wenn du die Hand deines oder deiner Geliebten hältst, wenn du ihn oder sie umarmst, beobachte deinen Atem. Und dann versuche es eines Tages, wenn du allein unter einem Baum sitzt. Schau dir zu, wie du genau so atmest, wie du in dasselbe Muster, denselben Rhythmus verfällst. Atme so, als würdest du deinen Liebhaber oder deine Geliebte umarmen, und du wirst staunen: Die ganze Existenz wird zu deinem oder deiner Geliebten! Wieder fühlst du tiefe Liebe. Sie kommt mit dem Atem.

Achte auf deinen Atem, denn ein liebevoller Atemrhythmus ist am wichtigsten. Er wird dein Leben verändern.

Ein Atem zu zweit

Werde besonders in den Momenten der Liebe immer achtsamer. Beobachte dich dabei aufmerksam. Achte darauf, wie und wann sich dein Atem verändert, wie dein Körper vibriert. Wenn du deinen Mann, deine Frau umarmst, mache einmal ein Experiment. Du wirst dich wundern. Wenn ihr euch umarmt, miteinander verschmelzt, bleibt eine ganze Stunde einfach zusammen sitzen. Ihr werdet staunen – es ist eine richtig »psychedelische« Erfahrung!

Wenn ihr eine Stunde lang nichts tut als einfach still zu sitzen und euch zu umarmen, ineinander zu fallen, miteinander zu verschmelzen, werdet ihr nach einer Weile nur einen Atem haben. Ihr werdet mit zwei Körpern, aber wie mit einem Herzen atmen. Ihr werdet zusammen atmen. Und dieses gemeinsame Atmen, und zwar ohne dass ihr etwas dazu tut, sondern einfach, weil ihr so viel Liebe fühlt, dass der Atem ihr folgt, gehört zu den größten und wertvollsten Momenten im Leben. Sie sind nicht von dieser Welt, sondern kommen vom Jenseits, aus einer Welt, die unbeschreiblich ist.

In jenen Momenten erhält man einen Einblick in die Welt der Meditation. In jenen Momenten gibt es keine Grammatik mehr – es verschlägt einem die Sprache. Beim Versuch darüber zu reden, gibt die Sprache den Geist auf. Durch ihren Tod deutet sie endlich darauf hin, was nicht gesagt werden kann.

Bewusste Hände

Wenn du die Hand eines Freundes oder einer Freundin hältst, sei wach und bewusst dabei. Achte darauf, ob deine Hand Wärme abgibt oder nicht. Sonst kann man einfach Händchen halten ohne zu kommunizieren, ohne Energie zu übertragen. Man kann sich an den Händen halten, und die Hände bleiben völlig kalt, wie gefroren, ohne zu vibrieren, ohne zu pulsieren. Es fließt keine Energie in den anderen. Dann ist es eine sinnlose, leere Geste, eine impotente Geste.

Wenn du also jemandes Hand hältst, achte tief innen darauf, ob Energie fließt oder nicht. Und du kannst die Richtung der Energie bestimmen; du kannst sie dorthin fließen lassen. Lenke die Energie in die Hand.

Zu Beginn ist es nur eine Übung in der Vorstellung, aber die Energie folgt der Vorstellungskraft. Man kann es tun. Du kannst einmal deinen Puls zählen und dir dabei vorstellen, dass sich der Puls erhöht und schneller geht. Nach ein paar Minuten wirst du merken, dass er schneller geworden ist. In der Vorstellung liegen die Wurzeln; sie kann die Energie in eine Richtung lenken.

Wenn du also jemandes Hand hältst, halte sie bewusst und stelle dir vor, dass die Energie dorthin geht und dass die Hand wärmer wird und die andere Hand willkommen heißt, und du wirst sehen, wie viel man dadurch verändern kann.

Schau mit den Augen der Liebe

Wenn du jemanden anschaust, schau ihn mit den Augen der Liebe an. Wenn du andere anschaust, lass Liebe durch deine Augen strömen. Wenn du gehst, wirf beim Gehen mit Liebe um dich. Zu Beginn ist es nur eine Vorstellung, doch innerhalb von einem Monat wirst du feststellen, dass es Wirklichkeit geworden ist. Die anderen werden spüren, dass deine Persönlichkeit wärmer geworden ist; sie fühlen sich ausgesprochen wohl, wenn sie in deine Nähe kommen.

Mache es zu einer bewussten Übung. Werde dir deiner Liebe bewusst und lasse sie immer mehr nach draußen kommen.

Verliebe dich in dich selbst

Mache ein kleines Experiment: Setze dich allein unter einen Baum und verliebe dich zum ersten Mal in dich selbst. Vergiss die Welt, sei einfach verliebt in dich! Die spirituelle Suche ist eigentlich die Suche danach, sich in sich selbst zu verlieben. Die Welt ist eine Reise, auf der wir uns in andere verlieben. Spiritualität ist eine Reise, auf der wir uns in unser eigenes Selbst verlieben.

Spiritualität ist sehr selbstsüchtig: Sie ist die Suche nach dir selbst, die Suche nach dem Sinn deiner selbst. Du suchst danach, dich an dir selbst zu freuen, dich selbst zu schmecken. Und beginnst du tatsächlich etwas von dir selbst zu spüren, zu schmecken, dann warte ein bisschen. Suche noch ein bisschen weiter. Spüre deine Einzigartigkeit, sei entzückt von deiner eigenen Existenz, denn: »Was wäre, wenn ich nicht geboren wäre? Wie und bei wem hätte ich mich beschweren können, wenn es mich nicht gäbe?«

Du bist in dieser Existenz! Allein diese Tatsache, allein dieses Bewusstsein, wenn dir klar wird: »Ich bin«, allein die Möglichkeit, dass solche Glückseligkeit erfahren werden kann – freue dich schon allein darüber!

Lass diesen Geschmack an dir selbst in jede deiner Poren eindringen. Lass dich davon total anregen, lass dich von dir selbst hinreißen. Fange an zu tanzen, wenn dir nach Tanzen zumute ist, fange an zu lachen, wenn dir nach Lachen zumute ist, fange an, ein Lied zu singen, wenn dir danach zumute ist. Aber vergiss nicht, dass du selbst dabei der Mittelpunkt bleibst und dass die Quelle des Glücks in dir selbst entspringt und nicht von außen kommt.

4: Lerne dich selbst kennen

Die Suche nach dem ursprünglichen Gesicht

Das Wort Persönlichkeit sollte richtig verstanden werden. Es kommt von (Lat.) *Persona* – das bedeutet »Maske«: Im antiken griechischen Drama trugen die Schauspieler Masken und diese Masken hießen *Persona*, da der Ton durch die Maske kam – *Per* heißt »durch«, *Sona* heißt »Ton«. Das Publikum sah nur die Maske und der Ton kam hinter Maske hervor. Aus *Persona* ist das Wort Persönlichkeit entstanden.

Die Persönlichkeit ist immer falsch. Eine gute oder eine schlechte Persönlichkeit, die Persönlichkeit eines Sünders oder eines Heiligen – sie ist immer falsch. Du kannst eine schöne Maske oder eine hässliche Maske tragen, es macht keinen Unterschied.

Das Wahre ist nur die Essenz.

Die Persönlichkeit ist jedoch ein notwendiger Teil des Wachstums. Es ist so: Wenn man einen Fisch aus dem Meer fängt und ihn ans Ufer wirft, springt der Fisch zurück ins Meer. Doch nun hat er zum ersten Mal begriffen, dass er immer im Meer gelebt hat. Er weiß zum ersten Mal: »Das Meer ist mein Leben.« Bis zu dem Zeitpunkt, als man ihn fing und ans Ufer warf, hatte er wahrscheinlich noch nie über das Meer nachgedacht; er hatte keine

Ahnung, was das Meer ist. Um etwas zu kennen, muss man es zuerst verlieren.

Das Paradies muss man zuerst verlieren, um sich seiner bewusst zu werden. Wer es nicht zuerst verliert und dann wieder findet, wird nie verstehen, wie schön das Paradies ist.

Adam und Eva mussten aus dem Garten Eden verstoßen werden. Es ist ein Teil des natürlichen Wachstums. Nur ein Adam, der den wunderschönen Garten Gottes verlässt, kann eines Tages zum Christus werden. Er kann zurückkehren. Adam, der aus dem Garten Eden verstoßen wird, ist wie der Fisch, der gefangen und ans Ufer geworfen wird. Jesus ist der Fisch, der ins Meer zurückspringt.

Zum Beispiel haben primitive Völker etwas gemeinsam mit Kleinkindern. Sie sind herrlich spontan und natürlich, doch sie sind sich ihrer selbst auch völlig unbewusst. Sie führen ein fröhliches Leben, doch ihre Freude ist unbewusst. Sie müssen sie zuerst verlieren. Sie müssen den Weg der Zivilisation, der Bildung und des Wissens gehen. Sie müssen eine Kultur und eine Religion annehmen. Sie müssen ihre ganze Spontaneität verlieren; sie vergessen alles, was mit ihrer Essenz zu tun hat, und eines Tages beginnen sie dann plötzlich, es zu vermissen. Es ist unumgänglich.

Es geschieht auf der ganzen Welt und es geschieht in einem riesigen Ausmaß, weil die Menschheit nun erstmals wirklich zivilisiert ist.

Je zivilisierter ein Land ist, desto stärker ist das Gefühl der Sinnlosigkeit. Weniger entwickelte Länder haben dieses Gefühl nicht, können es gar nicht haben. Um dieses Gefühl von innerer Leere, Sinnlosigkeit und Absurdität zu bekommen, muss man sehr zivilisiert sein.

Deshalb stehe ich ganz auf der Seite der Wissenschaft, da sie dazu beiträgt, dass der Fisch ans Ufer geworfen wird. Und liegt der Fisch dann in der Hitze am Ufer auf dem heißen Sand, dann wird er durstig. Er hat vorher nie Durst gehabt. Zum ersten Mal vermisst er den Ozean um sich herum, die Kühle, das Leben spendende Wasser. Er liegt im Sterben.

In genau derselben Situation befindet sich der zivilisierte Mensch, der gebildete Mensch: Er liegt im Sterben. Deshalb macht er sich auf die große Suche. Man will wissen, was man tun kann, wie man wieder in den Ozean des Lebens eintauchen kann.

In den weniger entwickelten Ländern, wie zum Beispiel in Indien, hat sich dieses Gefühl der Sinnlosigkeit noch nicht verbreitet. Auch wenn ein paar indische Intellektuelle darüber schreiben, hat das, was sie schreiben, keine Tiefe, weil es nicht der Situation im indischen Denken entspricht. Einige indische Intellektuelle schreiben über die Sinnlosigkeit und Absurdität des Lebens in einer sehr ähnlichen Weise wie Søren Kierkegaard, Jean-Paul Sartre, Jaspers und Heidegger. Sie haben vielleicht etwas darüber gelesen oder den Westen besucht und beginnen nun über Sinnlosigkeit, Ekel und Absurdität zu schreiben, aber es klingt falsch.

Ich habe mit indischen Intellektuellen gesprochen: Sie wirken so falsch, weil sie nicht ihr eigenes Gefühl ausdrücken, sondern nur geborgtes Wissen. Es ist Søren Kierkegaard, der durch sie spricht; es ist Friedrich Nietzsche, der durch sie spricht. Es ist nicht ihre eigene

Stimme. Es ist ihnen nicht klar, was Kierkegaard wirklich sagt; sie haben nicht dieselbe Qual durchgemacht. Das Gefühl ist ihnen fremd; sie plappern es nur nach wie Papageien. Sie sprechen darüber, aber ihr ganzes Leben sagt und zeigt etwas anderes. Was sie sagen, ist ihrem Lebensstil völlig entgegengesetzt.

Es kommt äußerst selten vor, dass ein indischer Intellektueller Selbstmord begeht. Ich habe noch nie davon gehört. Doch im Westen begehen viele Intellektuelle Selbstmord. Es kommt in Indien nur selten vor, dass ein Intellektueller verrückt wird. Im Westen ist es eine sehr verbreitete Erscheinung – viele Intellektuelle werden verrückt. Es lässt sich bei einem echten Intellektuellen fast nicht vermeiden; es gehört zu seiner Lebenserfahrung.

Die ganze Zivilisation, die ihn umgibt, seine überentwickelte Persönlichkeit sind zum Gefängnis geworden. Das bringt ihn regelrecht um. Das Gewicht der Zivilisation ist zu schwer geworden; sie ist unerträglich. Er hat das Gefühl, daran zu ersticken, nicht mehr atmen zu können. Sogar Selbstmord kommt ihm wie eine Befreiung vor; oder wenn er das nicht schafft, erscheint Wahnsinn als einziger Ausweg. Wenn man verrückt wird, kann man wenigstens die ganze Zivilisation vergessen, man vergisst den ganzen Unsinn, der im Namen der Zivilisation veranstaltet wird. Wahnsinn ist die Flucht vor der Zivilisation.

Doch wem das Leben völlig sinnlos vorkommt, der steht an einem Kreuzweg: Man wählt entweder Selbstmord oder macht sich auf die Suche; man wählt entweder Wahnsinn oder Meditation. Es ist ein richtiger Wendepunkt.

Jede Persönlichkeit ist falsch. Darunter liegt die Essenz, die nicht falsch ist, die jeder bei der Geburt mitbringt, die schon immer da gewesen ist.

Jemand hat Jesus gefragt: »Weißt du etwas über Abraham?« Und Jesus sagt: »Längst bevor Abraham war, bin ich.«

Eine ziemlich absurde Aussage, die aber auch große Bedeutung hat. Abraham und Jesus – zwischen ihnen ist ein riesiger Abstand. Abraham lebte fast 3000 Jahre vor Jesus. Und Jesus sagt: »Längst bevor Abraham war, bin ich.« Er spricht von der Essenz. Er spricht nicht von Jesus, sondern von Christus. Er spricht von dem, was ewig ist. Er meint nicht das Persönliche, sondern das Universale.

Im Zen heißt es, dass du erst dann erleuchtet bist, wenn du dein ursprüngliches Gesicht erkennst, das du hattest, bevor dein Vater geboren wurde. Was ist dieses ursprüngliche Gesicht? Du hattest es schon, bevor dein Vater geboren wurde, und wirst es immer noch haben, wenn du gestorben bist, dein Körper verbrannt ist und nur noch Asche von dir übrig ist. Dann wirst du es wieder haben.

Was ist das ursprüngliche Gesicht? Die Essenz, oder nenne es Seele oder das Selbst. Alle diese Worte bezeichnen dasselbe. Du wirst als Essenz geboren, doch wenn du nur Essenz bleibst, ohne dass dir die Gesellschaft eine Persönlichkeit gibt, bleibst du wie ein Tier. Das ist manchmal vorgekommen.

Irgendwo in Nordindien, nicht weit vom Himalaja, hat man einmal ein Kind gefunden, einen Elfjährigen, der von Wölfen aufgezogen wurde – ein Wolfskind, ein

Menschenkind, das von Wölfen erzogen wurde. Wölfe können natürlich nur die Persönlichkeit eines Wolfes weitergeben. Das Kind war zwar menschlich, seine Essenz war da, aber es hatte die Persönlichkeit eines Wolfes.

Das ist schon öfter vorgekommen. Wölfe scheinen in der Lage zu sein, menschliche Kinder aufzuziehen. Sie scheinen ein gewisses Mitgefühl, eine Liebe für Menschenkinder zu haben. Diese Kinder bekommen nichts von der Korruption mit, die man in der Gesellschaft zwangsläufig erlebt. Ihr Wesen ist nicht verdorben; sie sind pure Essenz. Sie sind wie der Fisch im Ozean; sie wissen nicht, wer sie sind. Und es ist schwierig, ihnen, nachdem sie von Tieren aufgezogen wurden, eine menschliche Persönlichkeit zu geben. Es ist harte Arbeit. Fast alle diese Kinder, bei denen man sich darum bemühte, sind gestorben. Sie können menschliche Umgangsweisen nicht mehr lernen; es ist zu spät. Sie sind bereits in eine Form gegossen; ihre Persönlichkeit ist festgelegt. Sie haben gelernt, Wölfe zu sein. Sie kennen keine Moral; sie kennen keine Religion. Sie sind keine Hindus, Christen oder Moslems. Sie kümmern sich nicht um Gott – sie haben nie von ihm gehört. Alles, was sie kennen, ist das Leben eines Wolfes.

Wenn die menschliche Persönlichkeit ein Hindernis ist, dann nur, weil wir uns daran festklammern. Man hat sie bekommen und muss sie hinter sich lassen. Sie ist eine Leiter. Sie ist eine Brücke. Man sollte sich auf einer Brücke kein Haus bauen – das stimmt. Aber man muss über die Brücke gehen.

Die menschliche Persönlichkeit ist nur ein Teil von

uns. In einer besseren Gesellschaft werden wir den Kindern eine Persönlichkeit geben, doch auch die Fähigkeit, diese wieder loszuwerden. Genau das fehlt uns heute: Wir verpassen ihnen eine Persönlichkeit, die so eng ist, dass sie darin eingeschlossen, eingekerkert sind. Und wir wollen nicht zulassen, dass sie daraus aussteigen. Es ist so, als hätten wir einem Kind eine Rüstung angezogen, ihm aber nicht beigebracht, wie man sie öffnet, wie man sie eines Tages wieder ausziehen kann, wenn man gewachsen ist und sie nicht mehr braucht.

Was wir mit den Menschen machen, ist dasselbe, was man im alten China mit den Füßen der Frauen gemacht hat. Man zog den Mädchen in der frühen Kindheit Eisenschuhe an, damit ihre Füße nicht wuchsen, sondern klein blieben. Kleine Füße galten als schön und wurden sehr geschätzt. Nur aristokratische Familien konnten sich das leisten, da die Frau dann fast nichts tun konnte. Die Frau konnte nicht einmal richtig laufen; die Füße waren zu klein, um den Körper zu tragen. Die Füße waren verkrüppelt; sie musste mit einer Stütze laufen. Eine arme Frau konnte sich das nicht leisten. Kleine Füße waren ein Zeichen von Aristokratie.

Wir können darüber lachen, aber wir tun immer noch dasselbe. Heute laufen die Frauen im Westen wirklich mit absurden Schuhen herum – so hohe Absätze! Es ist ja in Ordnung, wenn man das im Zirkus macht, aber so hohe Absätze sind nicht zum Gehen. Es gilt jedoch als schön, weil eine Frau, die auf sehr hohen Absätzen geht, sexuell attraktiver wirkt: Ihr Po steht mehr heraus! Und da ihr das Gehen schwerer fällt, bewegt sich der Po mehr, als er es normalerweise tun würde. Doch das wird allgemein akzeptiert, das ist okay. Andere Gesellschaften würden darüber lachen.

Überall auf der Welt benutzen die Frauen Büstenhalter und meinen, es sei eine ganz traditionelle, konventionelle Angelegenheit. Aber im Grunde macht auch der Büstenhalter eine Frau sexuell attraktiver: Er dient dazu, ihrem Körper eine Form zu geben, die sie nicht hat. Er dient dazu, dass ihre Brüste hervorstehen und nicht hängen, damit sie jünger aussieht. Und die Frauen in traditionellen Gesellschaften, wo darauf bestanden wird, dass Frauen BHs tragen sollten, meinen, sie seien besonders fromm und brav. Sie betrügen nur sich selbst und keinen anderen, denn der BH ist ein sexuelles Hilfsmittel. Es gibt auch primitive Gesellschaften, die ebenso merkwürdige Dinge benutzen wie den Büstenhalter. Zum Beispiel werden die Lippen größer und dicker gemacht. Von Kindheit an werden Gewichte an die Lippen gehängt, damit sie dicker und größer werden. Das gilt als Symbol für eine sehr sexuelle Frau: Dickere und größere Lippen können natürlich besser küssen! In manchen primitiven Gesellschaften hat der Mann sogar eine Art Futteral um seine Geschlechtsorgane getragen, damit sie größer aussehen – genau so wie die Frauen, die einen BH tragen. Wir lachen über diese Dummheiten, aber wir machen dasselbe! Auch junge Leute tragen überall auf der Welt hautenge Hosen, einfach um ihre Genitalien zu zeigen. Aber sobald etwas einmal akzeptiert ist, fällt es niemandem mehr auf.

Die Zivilisation sollte nicht zur Zwangsjacke werden. Es ist absolut notwendig, eine Persönlichkeit zu haben, aber man sollte diese Persönlichkeit ohne weiteres an- und wieder ausziehen können wie lockere Kleidung, die nicht aus Stahl ist; Baumwolle reicht vollkommen aus, sodass man sie an- und ablegen kann. Man braucht sie nicht die ganze Zeit zu tragen.

Das ist für mich jemand, der zu leben versteht: Wer in seiner Essenz lebt und seine Persönlichkeit benutzt, um sich in der Gesellschaft zu bewegen. Er benutzt die Persönlichkeit nur. Er ist der Meister seines eigenen Seins.

Für die Gesellschaft braucht man eine gewisse Persönlichkeit. Wenn du in der Gesellschaft nur in deiner puren Essenz lebst, machst du dir selbst und anderen Schwierigkeiten. Die Leute werden deine Essenz nicht verstehen. Deine Wahrheit könnte ihnen zu bitter aufstoßen; deine Wahrheit könnte sie zu sehr beunruhigen. Das ist unnötig. Du brauchst dich in der Gesellschaft nicht unbedingt nackt zu zeigen; du kannst etwas anziehen.

Allerdings sollte man bei sich zu Hause nackt sein können. Wenn man mit seinen Kindern spielt oder an einem Sommermorgen im Garten Tee trinkt, dann sollte man nackt und unverfälscht sein können. Aber man braucht nicht nackt ins Büro zu gehen – das ist unnötig. Kleidung ist schon etwas Gutes; man braucht sich nicht überall Blößen zu geben. Das wäre Exhibitionismus – ein anderes Extrem. Das eine Extrem sind die Leute, die nicht einmal im Bett unbekleidet sind. Das andere Extrem sind die jainistischen Mönche, die nackt auf der Straße herumlaufen, oder die nackten hinduistischen Sadhus. Und merkwürdigerweise schimpfen ausgerechnet diese Leute – Jains und Hindus – über westliche Frauen, weil sie ihre Arme nicht bedecken und sich nicht anständig anziehen.

Den Leuten aus dem Westen fällt es in einem heißen Land wie Indien wirklich schwer, so viel Kleidung zu tragen. Für westliche Sucher, die nach Indien kommen, sieht es absurd aus, wenn die Inder Krawatten und Anzüge tragen. Es sieht wirklich komisch aus! Im Westen, wo es kalt ist, kann eine Krawatte schützend sein, aber in Indien ist sie ein Selbstmordversuch! Im Westen ist es okay, feste Schuhe und Socken zu tragen, aber in Indien? Doch die Leute wollen alles imitieren. Sie laufen den ganzen Tag in Schuhen und Socken herum, und das in einem heißen Land wie Indien. Westliche Kleidung ist in Indien wirklich nutzlos – enge Hosen, Mantel, Krawatte, Hut – es sieht einfach nur lächerlich aus. In Indien braucht man lockere Kleidung. Aber du brauchst auch nicht ins andere Extrem zu fallen: dass du nackt joggen gehst oder mit dem Fahrrad nackt zum Markt fährst. Es wird dir und anderen nur unnötige Schwierigkeiten machen.

Man sollte natürlich sein, und mit natürlich meine ich, dass man in der Lage sein sollte, seine Persönlichkeit anzuziehen, wenn man sie braucht, nämlich in der Gesellschaft. Sie wirkt wie ein Schmiermittel. Sie ist hilfreich, weil es Tausende von verschiedenen Menschen gibt. Da braucht man Schmiermittel, sonst würden die Leute ständig miteinander im Clinch liegen, würden ständig aneinander geraten. Schmiermittel sind hilfreich; sie machen das Leben reibungslos.

Eine Persönlichkeit ist gut, um mit anderen zu kommunizieren, doch sie wird zum Hindernis, wenn du mit dir selbst Verbindung aufnimmst. Eine Persönlichkeit ist gut, wenn du dich auf Menschen beziehst, aber sie ist ein Hindernis, wenn du dich auf die Existenz selbst beziehst.

Das innere Licht

Jedes Kind ist voller Licht, solange es im Bauch der Mutter ist; es ist ein inneres Licht, ein inneres Leuchten. Wenn das Kind jedoch geboren wird und die Welt, die Farben, das Licht und die Menschen sieht, ändert sich allmählich die Gestalt. Es vergisst die innere Welt, da die äußere Welt so interessant ist. Es wird davon so sehr in Anspruch genommen, dass es ganz allmählich vergisst, nach innen zu schauen. Es achtet nicht mehr darauf.

Durch Meditation nimmt man wieder Verbindung mit sich selbst auf, mit dieser inneren Lichtquelle. Man muss die ganze Welt vergessen und nach innen gehen; man muss auf sein inneres Programm umschalten und nach innen schauen, als ob die Welt verschwunden wäre und es sie nicht mehr gäbe.

Mindestens eine Stunde täglich solltest du die Welt vollkommen vergessen und einfach nur du selbst sein. So wird diese frühe Erfahrung wieder zum Leben erweckt. Und wenn du sie nun wieder erfährst, ist sie überwältigend, denn nun kennst du die Welt in ihrer ganzen Vielfalt, du kennst den ganzen Lärm. Wenn du nun deine innere Stille und die Reinheit des Lichts wieder erkennst, ist es eine völlig andere Erfahrung. Sie gibt dir viel Kraft und Lebendigkeit; sie ist die Quelle des Nektars.

Man sollte also abends oder früh morgens, oder immer wenn man Zeit findet, meditieren, und zwar dann, wenn es einem leicht fällt, die Welt zu vergessen. Entweder spät in der Nacht, wenn der Verkehr aufhört und die Leute zu Bett gehen und die ganze Welt von selbst verschwunden ist – denn dann fällt es einem leichter, sich auch »hinauszuschleichen«; oder früh morgens, wenn alle noch fest schlafen. Hast du das innere Licht einmal erblickt, dann wirst du es nach einer Weile zu jeder Zeit sehen können. Mitten am Tag auf dem Markt kannst du die Augen zumachen und es sehen. Auch wenn es nur ein Moment ist, kann man sich damit tief entspannen.

Aber beginne mit der Übung in der Nacht: Sitze eine Stunde lang still und schau nach innen. Beobachte und warte auf das innere Licht. Eines Tages explodiert es. Und du brauchst nichts dazu zu tun, du brauchst es nur wieder zu entdecken.

Mach Platz für die Freude

Sich selbst zu erkennen ist etwas ganz Elementares. Es ist nicht schwer; es *kann* gar nicht schwer sein. Du musst nur ein paar Dinge verlernen. Du brauchst nichts zu lernen, um zu wissen, wer du bist, du brauchst nur etwas zu *verlernen.*

Erstens musst du verlernen, dich ständig mit Dingen zu befassen.

Zweitens musst du verlernen, dich ständig mit Gedanken zu befassen.

Und das Dritte passiert von selbst: ein beobachtender Zeuge zu sein.

Der Schlüssel: Beobachte zunächst Dinge, Gegenstände. Setz dich still hin und schau einen Baum an. Sei dabei aufmerksam. Denke nicht darüber nach. Sage nicht: »Was ist das denn für ein Baum?« Sage nicht, ob er dir gefällt oder nicht. Sage nicht: »Er ist grün« oder »trocken«. Lasse überhaupt keine Gedanken dazu aufkommen. Geh hin und schau den Baum einfach nur an.

Das kannst du überall tun und alles beobachten. Erinnere dich nur an eines: Wenn ein Gedanke kommt, lege ihn zur Seite. Schiebe ihn zur Seite und schau weiter das Objekt an. Zu Beginn ist es schwierig, aber nach einer Weile werden plötzlich Pausen eintreten, in denen kein Gedanke da ist. Du wirst dich an dieser einfachen Erfahrung richtig freuen können. Nichts ist passiert – es sind einfach nur keine Gedanken da. Der Baum ist da, du bist da, und zwischen euch beiden ist Raum. Der Raum ist nicht mit Gedanken voll gestopft. Und plötzlich kommt große Freude auf – ohne ersichtlichen Grund. Es gibt gar keinen Grund! Du hast das erste Geheimnis gelernt.

Dann muss man diesen Schlüssel auf subtilere Weise benutzen. Gegenstände sind etwas Grobes. Deshalb sage ich, man soll mit Gegenständen beginnen. Du kannst auch in deinem Zimmer sitzen und ein Foto anschauen. Nur eines solltest du nicht vergessen: Denke nicht darüber nach. Schaue einfach, ohne zu denken. Ganz allmählich geschieht etwas. Oder schau den Tisch an, ohne zu denken. Nach einer Weile ist nur der Tisch da, du bist da, und es ist kein Gedanke dazwischen. Und plötzlich – Freude!

Freude kommt auf, wenn man nicht denkt. Die Freude ist immer da. Sie ist hinter den vielen Gedanken unterdrückt. Wenn keine Gedanken da sind, kommt sie an die Oberfläche.

Beginne mit dem Groben. Dann, wenn du dich darauf eingestimmt hast und merkst, dass es Momente gibt, in denen die Gedanken verschwinden und nur noch die Dinge da sind, dann kannst du mit dem zweiten Schritt beginnen.

Diesmal schließt du die Augen und schaust jeden Gedanken an, der vorbeikommt, und zwar ohne über den Gedanken nachzudenken. Ob es ein Gesicht ist, das auf der Leinwand deines Geistes erscheint, oder eine Wolke, die vorbeizieht oder sonst irgendetwas – schau es an, ohne zu denken.

Das ist ein bisschen schwieriger als die erste Übung, weil Gegenstände solide sind; Gedanken sind sehr subtil. Doch wenn der erste Schritt getan ist, wird der zweite auch kommen. Man braucht nur etwas Zeit dafür. Sieh dir den Gedanken an. Nach einer Weile ... das kann nach einigen Wochen sein oder nach ein paar Monaten, aber es kann auch Jahre dauern – es hängt davon ab, wie sehr du es willst und ob du mit dem ganzen Herzen dabei bist ... Dann ist eines Tages plötzlich der Gedanke weg. Du bist allein. Deine Freude wird riesig sein – tausendfach größer als beim ersten Mal, wo du dich freutest, dass der Baum da war und der Gedanke weg war. Tausendfach größer! Die Freude wird so riesig sein, dass sie dich überwältigt.

Das ist der zweite Schritt. Wenn dies zu geschehen beginnt, dann kommt der dritte Schritt: Beobachte den Beobachter. Nun gibt es kein Objekt mehr. Die Dinge sind fort, die Gedanken sind fort. Nun bist du allein. Nun beobachte einfach aufmerksam den Beobachter; sei Zeuge dessen, was Zeuge ist.

Dies wird zu Beginn wieder schwierig sein, da wir nur wissen, wie man *etwas* beobachtet – eine Sache oder einen Gedanken. Selbst ein Gedanke ist wenigstens etwas, das man beobachten kann. Jetzt ist gar nichts mehr da, nur absolute Leere. Nur der Beobachter ist übrig. Du musst dich dir selbst zuwenden.

Das ist der Schlüssel zum innersten Geheimnis. Bleibe einfach allein da. Ruhe in diesem Alleinsein. Und es wird ein Moment kommen, da geschieht es einfach. Er wird auf jeden Fall kommen. Wenn die ersten beiden Schritte geschehen sind, muss der dritte kommen. Da braucht man sich keine Sorgen zu machen.

Wenn dies geschieht, dann erkennst du zum ersten Mal die wahre Freude. Sie ist nicht etwas, was dir widerfährt, also kann sie auch nicht weggenommen werden.

Du bist sie selbst in deinem wahren Sein, in deinem wirklichen Wesen. Nun kann sie nicht mehr weggehen. Diesen Zustand kannst du nicht verlieren. Du bist zu Hause angekommen.

Verlerne also zuerst die Dinge, dann die Gedanken. Beobachte zuerst das Grobe, dann das Subtile. Und dann beobachte das, was jenseits davon ist, weder grob noch subtil.

Bist du noch hier?

Der Zenmeister Obaku pflegte jeden Morgen als Erstes die Frage zu stellen: »Obaku, bist du noch hier?«

Seine Schüler sagten ihm oft: »Wenn dich die Leute hören, denken sie, du bist verrückt. Warum machst du das?«

Er antwortete: »Weil ich nachts alles vergesse. Ein stiller Geist ohne Träume und ohne Gedanken ... Wenn ich aufwache, muss ich mich selber wieder daran erinnern, dass Obaku immer noch hier ist. Wen soll ich fragen? Ich kann nur mich selbst fragen: ›Obaku, bist du noch hier?‹«

Und er selbst antwortete auch immer: »Jawohl!«

Man muss vor sich selbst tiefen Respekt haben. Anstatt Gottes Namen, Rama oder Krishna zu wiederholen, ist es eine viel bessere Disziplin, einfach zu sich selbst zu sprechen. Rufe dich bei deinem Namen und frage dich: »Bist du noch hier?« Und kümmere dich nicht, ob irgendjemand zuhört. Antworte: »Jawohl!«

Wenn du das tun kannst, wirst du über die tiefe Stille staunen, die auf diese Frage folgt. Wenn du fragst: »Bist du noch hier?« und selber antwortest: »Jawohl!«, folgt darauf nur tiefe Stille. Es ist auch eine Erinnerung an dein eigenes Sein. Du bist voller Respekt und Dankbarkeit, dass dir noch ein Tag geschenkt wird, dass wieder die Sonne aufgeht, dass du einen weiteren Tag lang in der Lage bist, die Rosen blühen zu sehen.

Eigentlich hat es niemand verdient, aber das Leben beschenkt uns trotzdem so großzügig aus purem Überfluss.

Finde deinen eigenen Ton

Lasse einen Ton aus deiner Kehle aufsteigen – ein Seufzen oder ein Stöhnen oder ein Summen. Spüre, wie die Schwingungen des Tons nach oben steigen. Wenn dir danach ist zu brummen oder zu stöhnen, dann tu es. Halte dich nicht zurück und lasse den Ton heraus. Wenn er bewirkt, dass sich dein Körper hin und her wiegt, dann wiege dich hin und her. Lass dich von dem Ton in Besitz nehmen.

Tief in seinem Sein hat jeder Mensch ein großes Sammelbecken von Klängen. Manchmal will ein Ton explodieren. Erst wenn er explodiert, fühlst du dich wieder leicht. Du musst ihm dabei helfen. Er will geboren werden und du musst von ihm wie besessen sein. Nur so kannst du ihm helfen.

Unser tiefstes Sein basiert auf Tönen. Das gehört zu den ältesten Erkenntnissen über das Wesen des Menschen.

Wenn du unbeteiligt bist, kann dein eigener Ton nicht kommen. Er kann auch nicht kommen, indem du nur horchst. Er muss aktiv und lebendig werden und in Bewegung kommen. Deshalb beginne zu summen und zu singen. Stehe frühmorgens vor dem Sonnenaufgang auf und singe, brumme, seufze und stöhne eine halbe Stunde lang. Diese Laute brauchen keinen Sinn zu machen. Diese Töne sollen existenziell sein und nicht sinnvoll. Du solltest es genießen – das reicht. Das ist ihr Sinn. Du solltest dich dabei hin und her wiegen. Lass es eine Lobpreisung für die aufgehende Sonne sein und höre erst auf, wenn die Sonne aufgegangen ist.

Mit dieser Übung hast du einen bestimmten Rhythmus für den ganzen Tag in dir. So bist du schon frühmorgens auf den Tag eingestimmt und wirst feststellen, dass der Tag dadurch eine andere Qualität bekommt. Du wirst liebevoller, mitfühlender, freundlicher sein und dich mehr um andere kümmern. Du wirst weniger aggressiv, weniger wütend, weniger ehrgeizig und weniger egoistisch sein.

Wenn du Lust hast, dabei zu tanzen, dann tanze; oder wiege dich einfach im Sitzen. Wichtig ist, dass du keine Kontrolle mehr hast. Der Ton kontrolliert dich.

Achte auf die Pausen

Eine kleine Atemmeditation: Sitze auf einem Kissen, sodass dein Po etwas höher als deine Knie ist. Halte deinen Rücken gerade und aufrecht. Lass deinen Körper ein wenig hin und her schwanken, bis er im Gleichgewicht ist, und dann sitze still. Mache immer kleinere, winzig kleine Kreise mit deinem Körper, und zwar so lange, bis du das Gefühl hast, dass du die richtige Position gefunden hast. Wenn du das Gefühl hast, dass nun dein Rücken in einer ganz aufrechten Position und deine Haltung ausgeglichen ist, und dass du in einer geraden Linie mit der Mitte der Erde verbunden bist, dann bewege dein Kinn ein wenig nach oben, sodass deine Ohren in einer geraden Linie mit deinen Schultern sind.

Nun schließe die Augen und beginne deinen Atem zu beobachten. Zuerst das Einatmen: Spüre, wie die Luft durch die Nasenlöcher kommt. Dann folge dem Atem nach unten bis zum Boden. Am Boden kommt ein Moment, wenn das Einatmen vollendet ist – nur ein winziger Moment, in dem die Einatmung vollständig ist. Und dort ist eine kleine Pause. Nach der Pause beginnt das Ausatmen, doch zwischen Ein- und Ausatmen ist eine winzige Pause.

Diese Pause ist ungeheuer wertvoll. Das ist der Ausgleich, das Innehalten. Nun gehe mit der Ausatmung wieder nach oben – den ganzen Weg hinauf. Derselbe Moment kommt nun auf der entgegengesetzten Seite wieder: Das Ausatmen ist zu Ende, und das Einatmen muss gleich beginnen – dazwischen wieder die Pause. Achte auf diese Pause.

Beobachte eine oder zwei Minuten einfach das Kommen und Gehen der Atemzüge. Du brauchst nicht in einer bestimmten Weise zu atmen. Atme ganz natürlich. Du brauchst überhaupt nicht tief oder sonst irgendwie zu atmen. Ändere deinen Atem nicht. Beobachte ihn nur.

Wenn du zwei Minuten lang beobachtet hast, wie er kommt und geht, fange an zu zählen. Zähle eins beim Einatmen. Zähle nicht beim Ausatmen, nur das Einatmen wird gezählt. Zähle bis zehn und fange dann von neuem an: wieder von eins bis zehn und wieder von eins bis zehn. Manchmal vergisst du vielleicht, den Atem zu beobachten. Dann bringe dich zurück und beobachte ihn wieder. Manchmal vergisst du vielleicht zu zählen oder zählst weiter als bis zehn – elf, zwölf, 13 ... Dann fange wieder von vorne bei eins an.

Diese beiden Dinge sollte man beachten: Beobachte den Atem und besonders die Pausen, die beiden Pausen oben und unten. Die Erfahrung in der Pause – das bist du, das ist dein innerster Kern, das ist dein Sein. Und zweitens: Zähle die Atemzüge, aber nicht weiter als bis zehn, dann fange wieder bei eins an und zähle nur beim Einatmen.

Mit dieser Technik schult man sein Bewusstsein. Man muss dabei bewusst bleiben, sonst fängt man an, auch die Ausatmung zu zählen. Das sind einfache Hilfsmittel, um wach und aufmerksam zu bleiben. Man sollte sie mindestens zwanzig Minuten lang machen; einmal am Tag zwanzig bis dreißig Minuten.

Wem diese Meditation gefällt, der sollte sie über einen längeren Zeitraum machen. Sie ist ausgesprochen wertvoll.

Fühle dich wie Gott

Es kann sehr hilfreich sein, sich vorzustellen, man sei Gott.

Lebe einfach wie Gott. Gehe wie ein Gott. Stell dir beim Gehen vor, du seist Gott, und du wirst plötzlich feststellen, dass sich vieles in deiner Energie verändert. Sitze wie ein Gott, rede wie ein Gott und benimm dich wie ein Gott. Erinnere dich immer daran, dass du Gott bist – und alle anderen sind es auch. Schau einen Baum an, als hättest du ihn erschaffen. Du bist Gott und der Baum ist es auch.

Bald wirst du merken: Kannst du dieses Gefühl in dir selbst wecken, kannst du dich wirklich darin verwurzeln, dann atmest du anders, liebst du anders, redest du anders und deine Beziehungen werden anders. Du strahlst etwas aus, wodurch sich alles um dich herum verändern wird.

Werde wieder zum Kind

Ein Kind braucht viel Schutz, doch früher oder später ist der Schutz nicht mehr nötig. Die Schutzmechanismen gehen aber in Fleisch und Blut über und setzen sich fort. Früher oder später kommt es deshalb zum Konflikt zwischen der Struktur dieser Mechanismen und dem Bewusstsein.

Es gibt nur zwei Wege, damit umzugehen: Einer ist, dass man sein Bewusstsein nicht wachsen lässt. Dann kann man völlig beruhigt sein, aber diese Ruhe ist wie der Tod und kostet viel Kraft. Die andere Möglichkeit ist: Zerbrich die Struktur. Und es ist leicht, sie zu zerbrechen, wenn du freundlich, verständnisvoll, liebevoll und dankbar zu der Struktur bist, weil sie dir bis dahin geholfen hat. Sie hat dich beschützt.

Man sollte sein ganzes Leben zu einer Geschichte des Verstehens machen; ohne Angst, ohne Wut – sie sind nicht mehr nötig. Sie sind nur unnötige Hindernisse auf dem Weg zum Verstehen.

Du kannst zwei Dinge tun, die hier hilfreich sind:

Erstens: Sitze jeden Abend vor dem Schlafengehen im Bett und schalte das Licht aus. Werde zum kleinen Kind – so klein, wie du es dir vorstellen kannst und so weit du dich erinnern kannst: vielleicht drei Jahre alt, weil da die Erinnerungen meistens aufzuhören scheinen. Was davor war, haben wir vergessen, fast ganz vergessen. Werde also zum dreijährigen Kind. Alles ist dunkel und das Kind ist allein. Beginne zu wimmern, vor dich hin zu plappern, dich hin und her zu wiegen. Lass irgendwelche Geräusche, irgendwelche unsinnigen Worte kommen. Sie brauchen nicht sinnvoll zu sein, weil du immer, wenn du etwas Sinnvolles sagst, gleich auch kontrollierst und zensierst. Es braucht also keinen Sinn zu machen. Alles ist erlaubt! Wiege dich, weine, lache, schreie. Sei verrückt und lass die Dinge kommen.

Du wirst staunen: Viele Laute werden an die Oberfläche kommen. Bald wirst du richtig hinein kommen und es wird zu einer großartigen, leidenschaftlichen Meditation. Wenn du schimpfen willst, dann schimpfe – ohne irgendjemanden zu beschimpfen, ohne Adresse. Genieße es zehn bis fünfzehn Minuten lang, einfach weil es Spaß macht.

Dann lege dich schlafen. In diesem einfachen und unschuldigen Zustand eines Kindes legst du dich schlafen.

Es ist sehr wichtig, wieder zum Kind zu werden, um die Struktur schmelzen zu lassen, die dein Herz umgibt. Diese Technik ist für die Nacht.

Tagsüber, wann immer du die Möglichkeit hast ... Wenn du zum Beispiel am Strand bist, renne wie ein Kind und beginne Muscheln oder bunte Steine zu sammeln. Oder wenn du im Garten bist, werde zum Kind: Laufe den Schmetterlingen hinterher!

Vergiss dein Alter. Spiele mit den Vögeln oder mit Tieren. Und wo immer du Kinder triffst, mische dich unter sie. Bleibe nicht erwachsen. Natürlich nur dann, wenn es möglich ist. Oder lege dich auf eine Wiese und fühle dich wie ein kleines Kind unter der Sonne. Wenn es möglich ist, zieh dich nackt aus, um dich noch mehr wie ein Kind zu fühlen.

Es ist wichtig, wieder Verbindung mit der Kindheit aufzunehmen. Geh zurück in der Zeit, zu deinen Kindheitserinnerungen. Man muss zurück zu seinen Wurzeln gehen, da sich die Dinge nur ändern können, wenn man sie an der Wurzel packt. Sonst geht es nicht.

Diese beiden Dinge sollte man tun: Abends mache es zu deiner Meditationsübung. Du wirst staunen, wie du dich dabei entspannen kannst und wie tief und friedlich du danach schlafen wirst. Und morgens wirst du nicht das Gefühl haben, dass du Albträume hattest, keine Schweißausbrüche und Beklemmungen. Im Gegenteil: Du wirst total entspannt sein, locker wie ein kleines Kind, nicht mehr so steif.

Und wenn sich tagsüber eine Gelegenheit bietet, verpasse sie nicht und werde zum Kind. Wenn du im Bad vor dem Spiegel stehst, schneide Fratzen, wie es ein Kind tun würde. Wenn du in der Badewanne sitzt, spritze mit dem Wasser herum wie ein Kind oder besorge dir Plastikenten oder etwas anderes zum Spielen. Du kannst Tausende von Möglichkeiten finden.

Darum geht es: Erlebe deine Kindheit noch einmal. Es ist etwas da, was bereit ist zu blühen, aber es gibt noch keinen Raum dafür. Dieser Raum wird dadurch geschaffen.

Vergiss nicht zu sein

Erinnere dich immer daran, wer in deinem Körper wohnt. Ob du gehst, sitzt, isst – was immer du tust –, erinnere dich an das Eine, das weder geht noch sitzt, noch isst.

Alles Tun ist an der Oberfläche. Jenseits von allem Tun ist das Sein. Sei dir beim Tun des Nichttuns bewusst; sei dir in der Bewegung dessen bewusst, was sich nicht bewegt.

Der Mondtanz

Tanze bei Vollmond; singe bei Vollmond. Bald wirst du ein anderes Wesen in dir entdecken, das nichts mit deiner Persönlichkeit zu tun hat. Es ist deine Essenz. Der Mond zieht die Essenz an die Oberfläche; man muss sich dessen nur bewusst sein.

Tanze in der Vollmondnacht! Es ist eine der großartigsten Meditationen. Tanze mit dem Mond ohne jeden Grund, lasse den Mond in dich eindringen. Beim Tanzen ist man nämlich offener und verletzlicher. Wenn du richtig betrunken bist vom Tanzen, wenn niemand mehr da ist, der tanzt, sondern nur noch der Tanz da ist, dann dringt der Mond in dein Herz ein. Dann erreichen seine Strahlen den innersten Kern deines Seins.

Du wirst herausfinden, dass jede Vollmondnacht zu einem Meilenstein in deinem Leben werden kann.

5: Der klare Blick

Wie man lernt, über das Offensichtliche hinaus zu sehen

Philosophie bedeutet, über die Wahrheit nachzudenken, es heißt: »Liebe zum Wissen«. In Indien haben wir etwas ganz anderes. Wir nennen es *Darshan.* Und *Darshan* bedeutet nicht Denken; es bedeutet Sehen.

Deine Wahrheit ist etwas, worüber du nicht nachdenken kannst; sie muss gesehen werden. Sie ist bereits da. Du brauchst nirgendwo hinzugehen, um sie zu finden. Du musst nicht darüber nachdenken, sondern du musst aufhören zu denken, damit sie sich in deinem Sein offenbaren kann.

In deinem Inneren muss freier Raum geschaffen werden, damit das dort verborgene Licht sich ausbreiten und dein Wesen ausfüllen kann. Es füllt nicht nur dein Wesen aus, sondern es strahlt auch von dir aus. Dein ganzes Leben wird von Schönheit erfüllt, einer Schönheit, die nicht vom Körper kommt, sondern der Schönheit, die von innen strahlt, der Schönheit deines Bewusstseins.

RICHTE DIE AUGEN NACH INNEN

Wir erschaffen die Welt so, wie wir sie sehen. Wir leben nicht in derselben Welt, weil jeder sie anders sieht. Es gibt ebenso viele Welten, wie es Menschen gibt. Deshalb geraten sie aneinander. Deshalb gibt es Konflikte unter Freunden, unter Liebenden, da zwei Sichtweisen niemals übereinstimmen. Sie decken sich teilweise oder sie widersprechen sich. Sie versuchen sich gegenseitig zu manipulieren und zu dominieren. Im Kern geht es darum, dass es zwei Sichtweisen gibt, und es wird ständig darum gekämpft, wer gewinnt, wessen Augen sich als richtig sehende Augen erweisen.

Wende dich nach innen; dort gibt es ein drittes Auge. Deine beiden Augen treffen sich an einem Punkt tief in deinem Inneren. Draußen treffen sie sich nie; dort können sie es nicht. Je weiter du in die Ferne schaust, desto weiter sind sie entfernt; je näher du schaust, desto näher kommen sie sich. Schließt du die Augen, werden sie zu einem, und dieses eine Auge kann die Realität so sehen, wie sie ist. Das ist Sehen ohne zu sehen. Das ist Sehen ohne ein Medium. Das ist unverdorbenes Sehen. Alle sieben Farben des Regenbogens sind zu einer zusammengefallen – und wieder weiß geworden.

Die Leute möchten gerne schöne Augen haben. Sie sollten sich lieber dafür interessieren, wie sie die Welt auf schönere Weise sehen können. Kümmert euch lieber um schönes Sehen statt um schöne Augen. Seht schön! Seht das Eine, das Ungeteilte, das Ewige – das meine ich, wenn ich sage: »Seht schön!« Und es ist möglich. Es liegt ganz nahe, in unserer Reichweite. Wir haben nur nie versucht, dorthin zu gelangen. Wir haben dieses Potenzial überhaupt nie gesehen. Wir haben diese Möglichkeit nie wirklich genutzt. Sie ist wie ein Samen geblieben. Das dritte Auge ist ein Samen geblieben.

Sobald deine Energie nach innen geht und auf das dritte Auge fällt, öffnet sich dieses. Es wird zum Lotus, es blüht regelrecht auf und plötzlich ändert sich dein ganzes Lebensmuster. Du bist ein anderer Mensch. Du bist nicht mehr derselbe, kannst es nie mehr sein. Und die Welt ist nicht mehr dieselbe. Alles ist das Gleiche und doch wird nie wieder irgendetwas gleich sein. Du hast ein einziges Auge bekommen.

Meditiere immer öfter mit geschlossenen Augen, versuche immer mehr nach innen zu schauen. Zu Beginn ist es schwierig. Es ist sehr dunkel dort, weil wir ganz vergessen haben, wie man nach innen schaut. Wir haben das Innere vernachlässigt, ignoriert. Ganz langsam und allmählich werden die felsenharten alten Gewohnheiten brechen und du wirst in der Lage sein zu spüren, dich durch die Dunkelheit zu tasten, und nach einer Weile wirst du dich daran gewöhnen und etwas sehen können.

Zuerst wird es stockdunkel sein. Es ist, als kämest du von draußen, wo es heiß und sonnig war, in dein Zimmer, und es ist dunkel. Für ein paar Sekunden kannst du gar nichts sehen. Dann gewöhnen sich die Augen daran. Nach einer Weile ist das Zimmer nicht mehr so dunkel. Allmählich füllt es sich mit Licht.

Genauso ist es mit dem Inneren. Für eine Weile wird alles dunkel sein. Aber wenn du weiter machst – und Weitermachen ist Meditation –, wenn du geduldig bist –

und Geduld ist Meditation –, wenn du immer tiefer gräbst und gräbst, stolperst du eines Tages über die Quelle deiner Energie. Plötzlich verschwindet die Dunkelheit und alles ist Licht. Ein Licht, von dessen Pracht und Glanz man nicht einmal träumen kann.

Trinke die Sonne

Man muss sich für diese Übung die richtige Tageszeit aussuchen, denn wenn die Sonne zu hoch am Himmel steht, kann man sie nicht mehr anschauen. Es wäre schädlich für die Augen.

Wenn am frühen Morgen die Sonne gerade aufgeht – die »Babysonne«, so nennen wir die frühe Morgensonne in Indien, die weiche Babysonne –, kannst du für ein paar Augenblicke hineinschauen und möglichst viel von ihrer Energie absorbieren.

Für manche Leute kann die Sonne ein richtiger Wachmacher sein, während dieselbe Sonne andere verrückt macht. Es hängt davon ab, was für ein Typ man ist.

Trinke die Sonne. Sauge sie buchstäblich ein. Öffne dich ihr und bade dich in ihrer Energie.

Bei Sonnenuntergang, wenn die Sonne am Himmel sinkt, kannst du sie wieder anschauen.

Nach einer Weile wirst du zu jeder Zeit die Augen schließen und die Sonne sehen können. Dann kannst du innerlich über die Sonne meditieren. Doch beginne mit der äußeren Sonne, mit dem Objektiven, und gehe dann allmählich zum Subjektiven über.

Wenn du in der Lage bist, die Sonne mit geschlossenen Augen zu sehen, wenn du in der Lage bist, sie zu visualisieren, dann brauchst du nicht mehr in die äußere Sonne zu meditieren. Die innere Sonne wird wirken, denn alles, was außen ist, ist auch innen. Innen und Außen entsprechen sich zutiefst.

Die innere Sonne muss man hervorrufen und herausfordern. Wenn sie einmal scheint, wirst du merken, wie sich dein Leben von selbst ändert. Du wirst eine große Kraft in dir spüren und merken, dass deine Energie unerschöpflich ist. Du kannst so viel machen, wie du willst, aber du kannst diese Kraft nicht erschöpfen.

Bist du mit dieser unerschöpflichen Quelle in Kontakt, ist dein Leben reich. Dann ist das Äußere nicht mehr so wichtig; alle Lebensumstände sind beinahe gleich. Ob Erfolg oder Misserfolg, ob Armut oder Reichtum – man bleibt ruhig und ist nicht betroffen, weil man weiß: »Meine Urkraft ist in mir.« Man weiß: »Mein innerer Schatz bleibt unberührt von den äußeren Umständen.«

Diese äußeren Umstände sind uns nur deshalb so wichtig, weil wir das Innere nicht erkannt haben. Kennen wir unser Inneres, beginnt die Bedeutung des Äußeren zu schwinden. Es ist einfach nicht mehr so wichtig. Dann kann man Bettler sein und ist trotzdem ein Herrscher. Man kann völlig versagen, was die äußere Welt betrifft, und doch hat man gesiegt. Und es gibt keine Klagen mehr; es bleibt keine Narbe. Man ist einfach glücklich, ganz egal, wie die Umstände sind.

Das ist etwas Wirkliches.

Lass dir von Gott zuschauen

Sich vorzustellen, dass man von Gott beobachtet wird, ist eine der ältesten Methoden. Sie verändert das Leben grundlegend. Wenn die Vorstellung, dass Gott dir zuschaut, tiefer verwurzelt ist, wird sich unmerklich etwas verändern. Plötzlich gibt es Dinge, die du nicht mehr tun kannst. Sie wirken so absurd, wenn Gott zuschaut. Sie sehen albern aus, wenn Gott zuschaut. Und manche, die du vorher nicht tun konntest, werden leichter, weil Gott zuschaut.

Es ist bloß eine Technik, um dein Sein in einen neuen Zusammenhang zu stellen. Schon nach sieben Tagen wirst du merken, dass fast unmerkliche Veränderungen eingetreten sind. Du gehst anders: mit mehr Eleganz und Anmut, weil Gott zusieht. Du bist nicht allein. Die Gegenwart des Göttlichen folgt dir auf Schritt und Tritt.

Stell dir vor: Du bist im Bad und plötzlich merkst du, dass dich dein Kind durchs Schlüsselloch beobachtet. Sofort veränderst du dich. Du bist nicht mehr dieselbe Person. Oder du bist auf der Straße und es ist sonst niemand da. Es ist früh am Morgen und du bist allein. Dann kommt plötzlich jemand um die Ecke und sofort ändert sich etwas.

Wenn dich jemand beobachtet, wirst du wacher und bewusster. Wenn dir jemand zuschaut, kannst du nicht lethargisch und unbewusst bleiben.

Verinnerliche dieses Gefühl, dass Gott zuschaut, und du wirst merken, wie das Bewusstsein in dir wächst. Sei wach und aufmerksam. Wenn du still sitzt und die Augen schließt, spüre das Göttliche, das dich von überall sieht. Schau, wie eine neue Art von Bewusstheit in dir wächst. Du wirst wie eine Säule von Licht.

Erinnere dich daran beim Essen oder beim Reden, und du wirst sehen, dass du keinen Unsinn mehr redest. Du merkst, dass alles, was du sagst, sinnvoller, bedeutungsvoller und poetischer wird. Es ist eine Art von Musik darin, die vorher nie da gewesen ist. Du liebst einen Freund, eine Freundin und stellst fest, dass deine Liebe wie ein Gebet wird, weil Gott zuschaut. So wird alles dem Göttlichen als Opfer dargeboten; alles muss des Göttlichen würdig sein.

Schau in den Mond

Die Vollmondnacht wirkt auf das menschliche Bewusstsein wie mächtige Alchemie.

Bevor die nächste Vollmondnacht kommt, beginne mindestens fünf Tage vorher abends einfach zu sitzen und zu warten. Warte fünf Tage lang jeden Abend eine Stunde. Wenn der Vollmond dann kommt, warte mindestens zwei oder drei Stunden. Dabei sollst du gar nichts tun – du bist einfach da und bereit. Wenn etwas geschieht, sei bereit. Wenn nichts geschieht, mach dir keine Sorgen. Wenn nichts geschieht, sei nicht enttäuscht, denn es hat nichts mit deinem Tun zu tun. Wenn etwas geschieht, glaube nicht, du hättest etwas Großartiges getan, sonst wird es nie wieder geschehen. Wenn es geschieht, sei dankbar. Wenn nichts geschieht, warte einfach weiter.

Warte in jeder Vollmondnacht. Wünsche dir dabei nichts, denn das stört und vergiftet die Atmosphäre. Der Vollmond ist ein Tor zum Jenseits. Nun warte darauf. Warte voller Geduld, ohne Eile. Versuche nicht, daran zu zerren.

Es entzieht sich der menschlichen Kontrolle, aber man kann es auf indirekte Weise einladen. Nimm ein Bad, sing ein Lied, sitze still in der Nacht – warte. Wiege dich mit dem Mond, schau den Mond an und fühle, wie du mit dem Mond voll wirst. Spüre, wie dich der Mond in seinem Licht baden lässt; tanze ein wenig mit dem Mond, dann sitze wieder und warte.

Lass die Vollmondnacht zu deiner besonderen Meditations-Nacht werden; sie wird dir sehr helfen.

Die Quelle des Lichts

Meditiere innerlich und äußerlich über das Licht. Mach dir das Licht zum Weggefährten. Denke ans Licht. Sinne über das Licht nach.

Achte auf das Licht: Beobachte, wie ein Stern am Himmel erscheint und wieder verschwindet. Schau den Sonnenaufgang, den Sonnenuntergang, den Mond oder einfach nur eine Kerze in deinem Zimmer an. Dann schließe manchmal die Augen und suche nach dem inneren Licht.

Eines Tages wirst du darüber stolpern: Das wird der Tag deiner größten Entdeckung sein. Keine andere Entdeckung lässt sich damit vergleichen. An jenem Tag wirst du unsterblich.

Meditation für das Dritte Auge

Dein Körper sollte bei dieser Übung so entspannt sein, dass du ihn vergessen kannst – das ist sehr wichtig. Wenn du den Körper vergessen kannst, ist es richtig. Wenn du also irgendeine Stellung findest, in der du ihn vergisst, ist es die richtige Stellung. Mach es dir bequem, so bequem wie möglich. Und vergiss die alten Vorstellungen, dass es irgendwie unbequem sein muss, wenn man meditiert. Das ist idiotisch, einfach idiotisch.

Massiere drei Minuten lang die Stelle zwischen den Augenbrauen – das Dritte Auge. Lege die Handfläche auf das Dritte Auge und reibe die Stelle in einer Bewegung nach oben – ganz langsam, ganz sanft und ganz liebevoll. Innerlich solltest du dabei das Gefühl haben, als würdest du ein Fenster öffnen. Das Dritte Auge ist das Fenster und das Reiben hilft, es zu öffnen. Wenn du nach drei Minuten merkst, dass es deine Energie nicht beeinflusst, dann reibe kreisförmig im Uhrzeigersinn.

Es gibt zwei Arten von Menschen: Bei manchen Leuten öffnet sich das Dritte Auge, wenn man nach oben reibt; bei manchen öffnet es sich, wenn man nach unten reibt. Für die Mehrheit öffnet es sich mit der Bewegung nach oben. Versuche das also zuerst.

Und dann musst du dir einen kleinen Lichtpunkt genau zwischen deinen beiden Augenbrauen im Zentrum des Dritten Auges vorstellen. Um ihn zu spüren, kannst du dir ein *Bindi* dorthin kleben – den kleinen Punkt, den indische Frauen als Schmuck auf dem Dritten Auge tragen. Wenn du das machst, kannst du ihn besser spüren. Dann schließe die Augen und schau auf den Lichtpunkt.

Stelle dir einen brennenden kleinen Stern mit bläulichem Licht vor. Schau dabei nach oben, sodass sich die Augen nach oben drehen.

Eigentlich ist es nicht so wichtig, diesen Punkt zu sehen; es geht eher darum, dass die Augen nach oben schauen. Wenn die Augen nach oben schauen, fällt der Körper in einen Ruhezustand. Das passiert auch, wenn du im Tiefschlaf bist. Dieselbe Augenstellung hilft bei der Meditation. Es ist also nur ein Hilfsmittel, damit die Augen nach oben gehen.

Wende also die Augen nach oben. Dabei ist es einfacher, auf einem Stuhl zu sitzen als auf dem Boden. Überkreuze die Beine nicht; stelle beide Füße flach auf den Boden.

Stelle dir auf keinen Fall einen Wecker. Du kannst eine Uhr neben dich legen und wenn du möchtest, öffne kurz die Augen, schau nach und schließe sie wieder. So wirst du nicht gestört. Aber stelle dir keinen Wecker oder bitte nie jemanden, nach sechzig Minuten an die Tür zu klopfen, denn dann ist es wie ein Schock und stört das System.

Trage möglichst lockere Kleidung. Am besten ist es, nackt zu sein, ansonsten trage eine lange Robe und keine Unterwäsche.

Meditiere so eine Stunde lang. Wenn du es zweimal am Tag schaffst, ist es noch besser. Fällt es dir schwer, so viel Zeit aufzubringen, dann ist einmal auch gut. Aber eine Stunde sollte es sein. Je mehr Zeit du dafür hast, desto besser.

Lass den Verstand die Wände hochgehen

Eine Zen-Technik: Setze dich jeden Tag eine Stunde lang vor eine Wand. Schau die Wand mit halb geschlossenen Augen an, sodass du gerade deine Nasenspitze sehen kannst. Sitze sehr nahe an der Wand, damit du sonst nichts sehen kannst.

Sei entspannt. Wenn Gedanken kommen, schau sie einfach an, wie sie zwischen dir und der Wand vorbeiziehen. Es braucht dich nicht zu kümmern, welche Form sie annehmen: Fantasien, Träume, irgendetwas ... Unsinn. Spüre sie einfach zwischen dir und der Wand.

Ganz allmählich, nach etwa zwei Wochen, wird dir klar, was es bedeutet, Zeuge zu sein.

Werde zum Tier!

Bei Tieren geht mehr Energie ins Dritte Auge, weil ihr ganzer Körper in der Horizontalen ist. Der Mensch steht aufrecht. Die Energie bewegt sich gegen die Schwerkraft. Es ist schwer für sie, nach oben zu steigen. Sie kommt nur unter Schwierigkeiten bis zu den Augen. Um das Dritte Auge zu öffnen, braucht man regelrecht einen Energieschub. Deshalb wird in vielen Joga-Schulen *Shirshasan*, der Kopfstand, praktiziert, um einen Energieschub zu erzeugen.

Mir gefällt das jedoch nicht so sehr, weil der Schub zu stark sein kann. Man sollte diese Stellung nur in seltenen Fällen vorschlagen, da dabei viele feine Nerven zerstört werden können. Und sind sie einmal zerstört, ist es schwierig, sie wiederherzustellen. Sie sind für immer weg. Die Person kann dann zwar Klarheit im Dritten Auge haben, ist jedoch abgestumpft für jede andere Art von Intelligenz.

Es ist jedoch eine schöne Übung, sich wie ein Tier zu bewegen. Dann ist der Andrang von Energie zum Kopf nicht zu groß – weder zu viel noch zu wenig. Die Bewegung ist genau ausgeglichen. Wenn du dich wie ein Hund bewegst, kannst du auch hecheln – das unterstützt das Kehlkopfzentrum. Das Kehlkopfzentrum ist in der Nähe des Dritten Auges; das Dritte Auge sitzt genau darüber. Wenn sich also das Kehlkopfzentrum öffnet, beginnt die Energie von dort zum Dritten Auge zu fließen.

Tiere leben in einer völlig anderen Welt und das liegt daran, dass ihre Wirbelsäule horizontal verläuft. Der Mensch hat sich durch den aufrechten Gang von der

Tierwelt getrennt. Manchmal tut es gut, wieder zum Tier zu werden. Das bringt dich wieder tief in Verbindung mit der ganzen Vergangenheit, mit dem gesamten Erbe. Dann bist du nicht mehr davon abgetrennt. Du gehörst zum ganzen Reich der Tiere.

Dadurch wird viel spontane Energie in dir freigesetzt und du machst dir weniger Sorgen. Du denkst weniger nach und wirst mehr so wie die Tiere. Sie sind einfach da, ohne an die Vergangenheit zu denken, ohne an die Gegenwart zu denken, ohne an die Zukunft zu denken. Sie sind einfach da, genau jetzt – hellwach, bereit, auf die Situation einzugehen, doch ohne nachzudenken.

Goldener Nebel

Bevor du dich schlafen legst, schalte das Licht aus und sitze im Bett. Schließe die Augen, entspanne deinen Körper und stell dir vor, dass sich der ganze Raum mit goldenem Nebel füllt wie ein goldener Nieselregen, der im ganzen Raum herabfällt. Visualisiere das eine Minute lang mit geschlossenen Augen: Ein goldener Nebel senkt sich herab. Nach einigen Tagen wirst du in der Lage sein, den ganzen Raum leuchten zu sehen.

Dann atme ein und spüre, wie du den goldenen Nebel tief in dein Herz einatmest. Dein Herz ist ein leerer Raum und der goldene Nebel kommt und füllt es.

Dann atme aus. Spüre, wie der goldene Nebel wieder aus deinem Herzen hinausgeht und dein Herz wieder ein leerer Raum ist. Nichts ist darin. Dieser Goldnebel füllt das Herz, dein innerstes Wesen mit dem Einatmen. Und dann leert es sich wieder mit dem Ausatmen.

Tu das fünf bis sieben Minuten lang und dann lege dich schlafen. Aber wenn du dich schlafen legst, lege dich immer dann hin, wenn du leer bist, nicht wenn du voll mit dem Goldnebel bist. Mach dich leer und dann schlafe. Dein Schlaf wird eine ganz andere Qualität bekommen – mehr Leere, mehr Nichts, mehr Nichtsein. Am Morgen wirst du die Augen öffnen und das Gefühl haben, als seist du in einem völlig anderen Land gewesen, als seist du verschwunden gewesen.

Bevor du am Morgen aufstehst, setze dich wieder im Bett hin: Wiederhole die Übung fünf Minuten lang. Doch wenn du aus dem Bett steigst, dann sei mit dem goldenen

Nebel angefüllt. Lege dich schlafen, wenn du leer bist; steh auf, wenn du voll mit dem Goldnebel bist.

Halte den Goldnebel in dir und gehe so nach draußen. Den ganzen Tag wirst du spüren, wie eine sanfte Energie, eine goldene Kraft in dir fließt. Werde in der Nacht leer und am Tag voll. Lass den Tag einen Tag der Fülle sein und die Nacht eine Nacht der Leere.

Der nächste Schritt ist, dass du einfach Zuschauer bleibst. Der Goldnebel kommt hinein – du schaust zu. Dein Herz füllt sich – du schaust zu. Dein Herz wird leer – du schaust zu. Du bist weder das Eine noch das Andere, weder Tag noch Nacht, weder Leere noch Fülle – du bist nur Zeuge.

6: Stimmungs-Management

Werde zum Meister deiner emotionalen Welt

Wenn wir unglücklich sind, haben wir vieles, was uns das Glück nicht geben kann. Im Grunde genommen nimmt uns das Glück so vieles weg. Glück nimmt einem alles weg, was man mal hatte, alles, was man zu sein glaubte. Glück macht einen fertig! Unglück nährt dein Ego und Glück ist im Grunde der Zustand ohne Ego.

Das ist das Problem; darin liegt der Kern des Problems. Deshalb fällt es den Menschen so schwer, glücklich zu sein. Deshalb haben Millionen von Menschen beschlossen, im Unglück zu leben. Davon bekommt man ein stark kristallisiertes Ego. Du *bist*, wenn du unglücklich bist. Du bist nicht, wenn du glücklich bist. Im Unglück bist du kristallisiert; im Glück bist du diffus.

Wenn man das versteht, wird vieles klar.

Unglücklichsein macht dich zu etwas Besonderem. Glück ist ein universeller Zustand, daran ist nichts Besonderes. Bäume sind glücklich und Tiere sind glücklich und Vögel sind glücklich. Die ganze Existenz ist glücklich – außer dem Menschen. Dadurch dass er nicht glücklich ist, wird der Mensch zu etwas ganz Besonderem. Er wird außergewöhnlich.

Indem du unglücklich bist, kannst du die Aufmerksamkeit der anderen auf dich ziehen. Wenn du dich nicht gut fühlst, kümmert man sich um dich; man sympathisiert mit dir, du wirst geliebt. Alle kümmern sich plötzlich um dich. Wer will jemandem, der unglücklich ist, wehtun? Wer ist schon neidisch auf jemanden, der unglücklich ist? Wer will jemanden, der unglücklich ist, anfeinden? Das wäre doch gemein!

Um einen unglücklichen Menschen kümmert man sich, man ist besorgt um ihn und lieb zu ihm. Man investiert viel, um unglücklich zu sein. Wenn es einer Frau zu gut geht, dann vergisst sie der Mann womöglich. Wenn sie unglücklich ist, kann es sich der Mann nicht leisten, sie zu vernachlässigen. Wenn es dem Mann schlecht geht, kümmert sich die ganze Familie, die Frau, die Kinder um ihn. Alle machen sich um ihn Sorgen. Das ist so tröstlich! Man fühlt sich nicht so allein. Man hat ja Familie und Freunde.

Wenn du krank bist oder deprimiert und tief unglücklich, kommen dich Freunde besuchen, um dich zu trösten, um dir Beistand zu leisten. Wenn du glücklich bist, werden dieselben Freunde auf dich neidisch. Wenn du wirklich glücklich bist, wirst du feststellen, dass sich die ganze Welt gegen dich stellt.

Ein glücklicher Mensch ist nicht beliebt, denn der Glückliche verletzt das Ego der anderen. Die anderen fühlen sich dann so: »Du bist also glücklich, während wir noch in der Dunkelheit, im Unglück, in der Hölle umherirren? Wie kannst du es wagen, glücklich zu sein, wo es uns doch so schlecht geht?«

Und da die Welt voller unglücklicher Menschen ist, hat natürlich kaum jemand den Mut, die ganze Welt gegen sich aufzubringen. Es ist zu gefährlich, zu riskant. Es ist besser, am Unglück fest zu halten; dann gehört man dazu. Wer glücklich ist, ist ein Individuum. Wer unglücklich ist, gehört zur Masse – man ist Hindu, Moslem, Christ, Inder, Araber, Japaner.

Glücklich? Weißt du, was Glück ist? Es hat nichts mit Hindus, Christen oder Moslems zu tun. Glück ist einfach Glück. Du wirst in eine andere Welt befördert. Du gehörst nicht mehr zu der Welt, die vom menschlichen Denken erschaffen wurde. Du gehörst nicht mehr der Vergangenheit an, bist nicht mehr Teil der hässlichen Geschichte der Menschheit. Du bist gar nicht mehr Teil der Zeit. Wenn du wirklich glücklich bist, wirklich glückselig, dann verschwinden Zeit und Raum.

Albert Einstein sagte einmal, die Wissenschaftler hätten früher geglaubt, es gäbe zwei Realitäten: Zeit und Raum. Aber diese Realitäten seien gar nicht zwei, sondern nur zwei Gesichter ein und derselben Realität. Deshalb prägte er ein neues Wort: »Raumzeit« – ein einziges Wort. Zeit ist nichts anderes als die vierte Dimension des Raums.

Einstein war kein Mystiker, sonst hätte er auch noch eine dritte Realität eingeführt: das Transzendente, weder Raum noch Zeit. Auch das existiert. Ich nenne es den Zeugen. Diese drei Realitäten sind die ganze Dreieinigkeit. In Indien ist es das Konzept von *Trimurti:* die drei Gesichter Gottes. Nun haben wir die vier Dimensionen: drei Dimensionen des Raums und die vierte Dimension ist die Zeit.

Aber es gibt etwas anderes – was man nicht als fünfte Dimension bezeichnen kann, denn es ist nicht wirklich eine Dimension: Es ist das Ganze, das Transzendente. Bist du glückselig, begibst du dich ins Transzendente. Es hat nichts mit Gesellschaft oder mit Tradition zu tun. Es hat überhaupt nichts mit der menschlichen Gedankenwelt zu tun.

Schau dich an, wenn du unglücklich bist; beobachte dich dabei: Du wirst die Gründe dafür sehen können. Und dann schau dir die Momente an, in denen du dir ab und zu Freude erlaubst und einfach glücklich bist. Und dann achte auf die Unterschiede.

Du wirst auf ein paar Dinge stoßen: Wenn es dir nicht gut geht, bist du ein Konformist. Der Gesellschaft gefällt es, man respektiert dich, du bist angesehen. Du kannst sogar zum Heiligen werden – die Heiligen haben alle gelitten. Das Leiden steht ihnen ins Gesicht geschrieben, man sieht es an ihren Augen. Weil es ihnen schlecht geht, sind sie gegen alles, was Spaß macht. Sie verdammen jede Freude als hedonistisch. Jede Möglichkeit, Spaß zu haben, verdammen sie als Sünde. Weil sie unglücklich sind, wollen sie die ganze Welt unglücklich sehen. Eigentlich gelten sie nur in einer unglücklichen Welt als Heilige. In einer glücklichen Welt würden sie in der Klinik als Geisteskranke behandelt werden. Sie sind krank.

Ich habe viele Heilige getroffen und mir die Lebensgeschichte der früheren Heiligen angeschaut. 99 von Hundert sind einfach nicht normal, entweder neurotisch oder psychotisch. Aber sie wurden respektiert – und wohlgemerkt dafür, dass sie unglücklich waren.

Die großen Heiligen haben lange gefastet, haben sich selbst gequält. Aber das ist nicht gerade ein Zeichen für Intelligenz. In der ersten Woche ist es für ein paar Tage schwierig. Ab der zweiten Woche ist es sehr einfach. In der dritten Woche wird es schon schwierig zu essen; in der vierten Woche vergisst man es völlig. Der Körper genießt es, sich selbst zu essen; er fühlt sich nicht mehr so schwer an und hat natürlich keine Verdauungsprobleme mehr. Und die ganze Energie, die ständig für die Verdauung gebraucht wird, steht im Kopf zur Verfügung. Man kann mehr denken, man kann sich besser konzentrieren und man kann den Körper und seine Bedürfnisse vergessen.

Auf diese Weise wurden unglückliche Menschen und eine unglückliche Gesellschaft geschaffen. Wenn man genau hinschaut, was es bedeutet, nicht glücklich zu sein, stellt man ein paar grundlegende Dinge fest. Zum Beispiel hat man ein gewisses Ansehen. Die Leute sind freundlich zu dir; sie haben Mitleid. Du hast mehr Freunde, wenn es dir schlecht geht. Dies ist eine seltsame Welt. Etwas ist grundlegend falsch daran. So sollte es nicht sein. Ein glücklicher Mensch sollte mehr Freunde haben. Doch bist du glücklich, werden die Leute neidisch und sind nicht mehr freundlich. Sie fühlen sich betrogen. Du hast etwas, was ihnen verwehrt ist. Warum bist du glücklich? Jahrhundertelang haben wir gelernt, einen ganz subtilen Mechanismus einrasten zu lassen: Glück muss man unterdrücken, Unglück darf man ausdrücken. Es ist uns zur zweiten Natur geworden.

Aus diesem Mechanismus müssen wir aussteigen: Wir müssen lernen, glücklich zu sein. Und wir sollten nicht vergessen, glückliche Menschen zu respektieren; wir müssen lernen, glücklichen Menschen viel mehr Aufmerksamkeit zu geben. Damit erweisen wir der Menschheit einen großen Dienst.

Sympathisiere nicht zu sehr mit Leuten, denen es schlecht geht. Wenn es jemandem schlecht geht, hilf ihm, aber sympathisiere nicht mit ihm. Gib ihm nicht das Gefühl, dass es sich lohnt, unglücklich zu sein. Lass ihn ganz klar spüren, dass du ihm zwar hilfst, aber nicht weil du Respekt vor seinem Unglück hast, sondern weil er unglücklich ist. Und du tust nichts anderes, als dem anderen dabei zu helfen, aus seinem Unglück wieder herauszukommen. Denn es ist hässlich, unglücklich zu sein. Lass ihn spüren, dass Unglück hässlich ist und nichts Tugendhaftes. Gib ihm nicht das Gefühl, er würde der Menschheit damit einen Dienst erweisen.

Sei glücklich. Habe Respekt vor dem Glück und hilf anderen zu verstehen, dass es der Sinn des Lebens ist, glücklich zu sein: *Sat-chit-anand*. Die östlichen Weisen haben gesagt, Gott habe drei Eigenschaften: Er ist *Sat* – Wahrheit. Er ist *Chit* –Bewusstsein. Und letztendlich, der höchste Gipfel: Er ist *Anand* – Glückseligkeit. Wo immer Glückseligkeit ist, ist Gott. Wenn du einen glücklichen Menschen triffst, respektiere ihn. Er ist heilig. Und wenn du zu einem Ort kommst, an dem sich Leute versammeln, die glücklich und in festlicher Stimmung sind, dann betrachte diesen Ort als Heiligtum.

Überliste dich selbst

Bist du traurig? Tanze oder stelle dich unter die Dusche und schau zu, wie die Traurigkeit aus deinem Körper geht, während beim Tanzen Hitze aus deinem Körper geht. Spüre beim Duschen, wie mit dem Wasser die Traurigkeit ebenso von deinem Körper abgewaschen wird wie Staub und Schweiß. Beobachte, was geschieht.

Versuche, deinen Kopf in eine Situation zu bringen, in der er nicht mehr auf die alte Art und Weise funktionieren kann. Zum Beispiel: Wenn du wütend bist, nimm ein paar tiefe Atemzüge. Atme tief ein und atme tief aus, nur zwei Minuten lang, und dann schau, wo deine Wut ist. So bringst du deinen Kopf durcheinander. Er kann die beiden Dinge nicht unter einen Hut bringen. »Seit wann«, wird der Kopf fragen, »atmet man eigentlich tief durch, wenn man wütend ist? Was ist denn hier los?«

Überliste ihn einfach, aber wiederhole es nicht. Denn darum geht es ja. Ansonsten nimmst du jedes Mal, wenn du traurig bist, eine Dusche, und es wird zur Gewohnheit. Nach drei oder vier Malen hat es dein Kopf gelernt: »Also gut. Du bist traurig, deshalb gehst du duschen.« Dann gehört das Duschen zu deiner Traurigkeit. Nein, wiederhole es nie. Bringe den Kopf immer wieder durcheinander. Sei erfinderisch, benutze deine Fantasie.

Dein Partner sagt etwas und du wirst wütend. Wenn das passiert, würdest du am liebsten losschlagen oder ihm etwas an den Kopf werfen? Tu diesmal etwas anderes: Geh hin und umarme ihn. Gib ihm einen dicken Kuss. Überrasche ihn. Du wirst überrascht sein und er auch. Plötzlich ist nichts mehr, wie es war. Du wirst sehen, dass die alten Mechanismen in deinem Kopf mit dem Neuen nicht mehr richtig funktionieren. Sie können nicht mehr einrasten.

Öffne das Fenster und lass eine frische Brise herein.

Ändere das Muster der Wut

Du kannst deine Wut tausend Mal herauslassen, aber wenn sich das Grundmuster nicht ändert, wird sie sich immer wieder anstauen. Es ist nicht falsch, seine Energie herauszulassen; es tut gut. Aber es ist nichts Bleibendes.

Im Osten sind die Methoden völlig anders als im Westen. Sie sind nicht kathartisch – im Gegenteil: Sie konfrontieren dich mit deinen Mustern. Sie kümmern sich nicht sonderlich um aufgestaute Energie. Sie kümmern sich um die Muster, die inneren Mechanismen, die Energie erzeugen, die sie unterdrücken und dich wütend, traurig, deprimiert und neurotisch machen. Das Muster muss gebrochen werden. Die Energie abzureagieren ist ganz einfach. Das Muster zu brechen ist schwer. Es ist harte Arbeit.

Probiere einmal aus, mit folgender Technik das Muster zu ändern.

Nimm dir jeden Tag 15 Minuten, wann immer es dir passt und du dich gut fühlst. Schließe die Tür deines Zimmers und werde wütend. Aber lass die Wut nicht heraus. Zwinge dich, wütend zu sein, werde fast verrückt vor Wut, aber lasse sie nicht raus. Drücke nichts aus – auch nicht mit einem Kissen zum Draufhauen ... Unterdrücke sie völlig. Kannst du mir folgen? Es ist genau das Gegenteil von Katharsis.

Wenn du spürst, dass sich dein Bauch anspannt, als ob er explodieren wollte, dann zieh den Bauch ein. Spanne ihn noch mehr an. Wenn du spürst, dass die Schultern angespannt sind, dann spanne sie sogar noch mehr an. Lass den ganzen Körper so angespannt wie möglich sein, als ob ein Vulkan in dir wäre, der nicht explodieren kann. Darauf musst du achten: kein Ausagieren, kein Ausdruck. Schreie nicht, sonst entspannt sich der Bauch. Schlage nicht auf etwas ein, sonst entspannen sich die Schultern.

Heize dich 15 Minuten lang richtig auf, als ob du auf hundert Grad kochst. Lass die Spannung 15 Minuten lang bis zum höchsten Punkt steigen. Stell dir einen Wecker und wenn der Wecker klingelt, strenge dich am allermeisten an.

Wenn der Wecker aufhört, setze dich still hin, schließe die Augen und beobachte, was geschieht. Entspanne deinen Körper.

Mache diese Übung zwei Wochen lang. Durch dieses Aufheizen des Systems werden deine Muster zum Schmelzen gebracht.

Gehe tief ins Nein

Probiere folgende Methode jeden Abend sechzig Minuten lang aus. Sei vierzig Minuten lang einfach nur negativ, so negativ, wie du nur kannst. Verschließe die Türen, lege Kissen im Zimmer aus, schalte das Telefon ab und sage allen, dass du eine Stunde lang nicht gestört werden willst. Hänge einen Zettel an die Tür, worauf steht, dass du eine Stunde lang nicht gestört werden willst. Dämpfe das Licht so weit ab wie möglich. Lege traurige oder düstere Musik auf und fühle dich wie tot.

Sitze da und fühle dich negativ. Wiederhole »Nein« wie ein Mantra. Erinnere dich an Szenen aus deiner Vergangenheit, in denen du total trübsinnig und abgestorben warst, am liebsten Selbstmord begangen hättest, keinerlei Freude am Leben hattest ... und übertreibe dabei! Erzeuge diese Atmosphäre um dich herum. Dein Kopf wird versuchen, dich abzulenken und sagen: »Was machst du da? Es ist so ein schöner Abend und der Vollmond scheint!« Hör nicht darauf. Sag deinem Kopf, dass er später wieder kommen kann, aber dass du diese Zeit jetzt vollkommen der Negativität widmest. Sei richtig fromm in deiner Negativität! Du kannst heulen, wimmern, schreien oder fluchen – was immer dir in den Sinn kommt. Merke dir nur eins: Sei nicht glücklich. Lasse kein Glücksgefühl zu. Wenn du dich dabei erwischst, gib dir sofort eine Ohrfeige! Bring dich zurück in die Negativität. Schlage auf die Kissen ein, kämpfe mit ihnen, springe auf ihnen herum. Sei richtig ekelhaft! Es wird dir sehr schwer fallen, vierzig Minuten lang negativ zu bleiben.

Es gibt ein Grundgesetz des Geistes: Alles, was man bewusst tut, kann man eigentlich nicht mehr tun. Tust du es trotzdem und bist dabei bewusst, fühlst du dich getrennt davon. Du tust es, aber du bleibst auch Zeuge. Du gehst nicht darin verloren. Es entsteht ein Abstand und dieser Abstand ist etwas Wunderbares. Ich sage jedoch nicht, dass man den Abstand herstellen soll. Er ist ein Nebeneffekt; man braucht sich nicht darum zu kümmern.

Nach vierzig Minuten springst du plötzlich aus der Negativität heraus. Wirf die Kissen zur Seite, schalte das Licht an; spiele schöne Musik und tanze zwanzig Minuten lang. Sage dabei: »Ja, ja, ja!« Lass das nun dein Mantra sein. Dann gönn dir eine gründliche Dusche.

Dadurch wird die ganze Negativität ausgemerzt und du wirst eine neue Art, Ja zu sagen, erfahren. Es wird dich vollkommen reinigen. Wer nicht wagt, tief ins Nein hinabzutauchen, kann nicht zu den Gipfeln des Ja aufsteigen. Du musst erst zum Neinsager werden, dann kommt das Ja ganz von selbst.

LASS DEN TIGER LOS

Das Leben ist so unermesslich groß. Es ist unmöglich, es zu bändigen. Und wenn du es wirklich bändigen willst, musst du es auf ein Minimum herunterschrauben; dann kannst du es schaffen. Doch ansonsten ist das Leben wild. Es ist so wild wie die Wolken und der Regen und der Wind und die Bäume und der Himmel.

Dies ist eine Meditation für den Abend: Stell dir vor, du bist gar kein Mensch. Suche dir irgendein Tier aus, das du magst. Wenn du Katzen magst, ist eine Katze gut. Wenn du Hunde magst, gut. Oder sei ein Tiger – Männchen oder Weibchen –, irgendetwas, was du magst. Wähle ein Tier aus, aber bleibe dann dabei. Werde zu diesem Tier. Geh auf allen vieren durch den Raum und werde zu diesem Tier. Genieße 15 Minuten lang diese Fantasie so total wie möglich. Belle, wenn du ein Hund bist! Und verhalte dich wirklich so, wie man es von einem Hund erwartet. Genieße es und kontrolliere nichts. Ein Hund hat keine Kontrolle, ein Hund – das ist absolute Freiheit. Folge also dem, was im Moment passiert. Vergiss für diesen Moment einmal jedes menschliche Element von Kontrolle. Sei ein wirklich hündischer Hund! Schnüffle, belle, springe herum, und das 15 Minuten täglich sieben Tage lang. Es wird dir helfen.

Es kann einen regelrecht lähmen, wenn man zu anspruchsvoll und zu sehr zivilisiert ist. Dann braucht man ein bisschen mehr tierische Energie. Zu viel Zivilisation ist eine lähmende Erscheinung. In kleinen Dosen ist sie okay, aber zu viel davon ist gefährlich. Man sollte immer in der Lage bleiben, zum Tier zu werden. Lerne ein wenig, wilder zu werden, und alle deine Probleme werden verschwinden.

Krisenintervention

Wenn man unter äußerem Druck steht – und das passiert häufig im Leben –, fällt es einem schwer, sich direkt in Meditation zu begeben. Deshalb muss man vor der Meditation 15 Minuten lang etwas tun, um den Druck loszuwerden. Erst dann kann man meditieren; sonst geht es nicht. Setze dich 15 Minuten still hin und denke, dass die ganze Welt ein Traum ist – sie ist es ja auch! Stell dir vor, die Welt ist ein Traum und nichts daran ist wirklich wichtig. Das ist das Erste. Als Zweites denke daran, dass früher oder später alles verschwinden wird – einschließlich dir selbst. Du warst nicht immer hier und du wirst nicht immer hier sein. Nichts dauert ewig. Drittens: Erinnere dich, dass du einfach ein Zeuge bist. Alles ist ein vorübergehender Traum, ein Film.

Denke an diese drei Dinge: dass die ganze Welt ein Traum ist und alles vorbei geht – auch du. Der Tod kommt näher und die einzige Realität, die es gibt, ist, Zeuge zu sein. Du bist nur ein Zeuge. Entspanne deinen Körper und sei 15 Minuten lang Zeuge; dann wirst du ohne Schwierigkeiten in einen Zustand der Meditation kommen. Wenn du aber merkst, dass diese Technik ganz einfach für dich wird, höre wieder damit auf. Andernfalls wird sie zur Routine. Sie sollte nur angewandt werden, wenn es schwierig ist, sich in Meditation zu begeben. Wenn du sie jeden Tag anwendest, geht der Effekt nach einer Weile verloren. Dann funktioniert sie nicht mehr. Benutze sie deshalb lieber wie eine Medizin. Wenn die Dinge wirklich schief laufen und es dir nicht so gut geht, benutze sie; dann kannst du dich besser entspannen.

Tai-Chi der Gefühle

Wenn du merkst, dass du trübselig wirst, dann gehe nicht zu schnell in das Gefühl, sondern langsam, in Zeitlupe, wie mit Tai-Chi-Bewegungen.

Wenn du traurig wirst, schließe die Augen und lasse den Film ganz langsam ablaufen. Gehe ganz langsam und allmählich hinein. Schaue von allen Seiten; beobachte, was passiert. Gehe ganz langsam vor, damit du jeden Akt mitbekommst, jede einzelne Faser des Geschehens. Auch wenn du wütend wirst – gehe ganz langsam in die Wut hinein.

Lasse für ein paar Tage deine Bewegungen langsam werden und werde auch in anderen Dingen langsamer. Zum Beispiel beim Gehen: Gehe langsamer, als du es gewohnt bist. Beim Essen: Iss langsam und kaue öfter. Wenn du normalerweise zwanzig Minuten brauchst, nimm dir vierzig Minuten Zeit. Reduziere bei allem die Geschwindigkeit auf fünfzig Prozent. Wenn du deine Augen schnell öffnest, werde auch damit langsamer. Dusche doppelt so lange wie normalerweise. Werde in allem, was du tust, langsamer.

Wenn du alles verlangsamst, wird automatisch dein ganzer Mechanismus langsamer. Der Mechanismus ist ein und derselbe: Der Mechanismus, mit dem du gehst, ist auch der, mit dem du sprichst, und es ist derselbe Mechanismus, mit dem du wütend wirst. Es gibt nicht viele Mechanismen, sondern nur einen organischen Mechanismus. Wenn du also alles langsamer machst, wirst du überrascht sein: Traurigkeit, Sorgen, Wut, Gewalttätigkeit – alles wird langsamer.

Dadurch machst du eine großartige Erfahrung: Auch deine Gedanken werden langsamer, deine Wünsche werden langsamer und alle deine alten Gewohnheiten werden langsamer.

Zum Beispiel beim Rauchen bewegt sich deine Hand ganz langsam ..., geht in die Hosentasche ..., zieht die Zigarette heraus ..., steckt die Zigarette in den Mund ..., holt die Streichholzschachtel heraus. Du tust es so langsam, dass du fast eine halbe Stunde für eine Zigarette brauchst. Du wirst staunen: Du wirst dir selber viel besser zuschauen können.

MONDTAGEBUCH

Manchmal beeinflusst uns der Mond sehr stark. Deshalb ist es gut, ihn zu beobachten und zu nutzen. Führe mindestens zwei Monate lang Tagebuch und berücksichtige dabei den Mond. Beginne damit bei Neumond und schreibe auf, wie du dich insgesamt an diesem Tag gefühlt hast. Dann am nächsten Tag, am dritten Tag, dann am vierten und jeden Tag bis zum Vollmond. Schreibe das Tagebuch auch bei abnehmendem Mond weiter. Du wirst einen Rhythmus entdecken können, in dem sich deine Stimmungen mit dem Mond verändern.

Hast du deinen Stimmungsplan einmal genau erkannt, kannst du dich bei vielen Dingen danach richten. Du kannst schon vorher wissen, was morgen passieren wird und dich darauf vorbereiten. Du siehst Traurigkeit kommen, also genieße die Traurigkeit. Dann brauchst du dich nicht mehr dagegen zu wehren. Anstatt dagegen anzukämpfen, benutze sie. Denn so kann man die Traurigkeit für sich selbst nutzen.

HECHLE WIE EIN HUND

Hast du das Gefühl, dass dein Bauch ganz angespannt ist, gehe im Zimmer herum und hechle wie ein Hund. Lass die Zunge dabei heraushängen. Dadurch öffnet sich etwas. Hecheln kann Wunder wirken! Nach einer halben Stunde Hecheln wird deine Wut wunderbar ins Fließen kommen. Dein ganzer Körper wird dabei mit einbezogen.

Probiere diese Technik manchmal allein in deinem Zimmer aus. Du kannst dich dabei auch vor den Spiegel stellen und ihn anbellen und anknurren! Nach etwa drei Wochen wirst du merken, dass sich ganz tief innen etwas ändert. Die Wut im Bauch ist entspannt und gelöst und du wirst dich befreit fühlen.

Akzeptiere das Negative

Man muss lernen, auch mit den negativen Teilen seines Wesens zu leben. Nur dann wird man zu einem ganzen Menschen.

Wir alle wollen nur mit dem positiven Teil leben. Bist du glücklich, nimmst du es an. Bist du unglücklich, lehnst du es ab. Aber du bist beides. Wenn alles im Fluss ist, fühlst du dich toll. Wenn alles anhält und stagniert, gehst du durch die Hölle. Man muss jedoch beides annehmen. So ist das Leben: Das Leben besteht aus Himmel und Hölle zusammen. Die Trennung von Himmel und Hölle ist falsch. Es gibt keinen Himmel da oben und es gibt keine Hölle da unten. Beide sind hier! Einen Moment bist du im Himmel und im nächsten Moment bist du in der Hölle.

Man muss seine eigenen negativen Aspekte kennen lernen und sich damit entspannen. Dann stellt man eines Tages überrascht fest, dass die negativen Teile auf ihre Weise zum Geschmack am Leben beitragen. Sie sind nicht unnötig – sie geben die Würze dazu! Sonst wäre das Leben so öde und monoton. Stell dir bloß vor: Du wirst immer glücklicher und glücklicher ... Was machst du dann? Diese unglücklichen Momente haben ihren Reiz, lassen uns auf die Suche, ins Abenteuer gehen. Man bekommt wieder Appetit!

Du musst mit der Totalität deines Seins leben. Sämtliche Aspekte von »gut« und »schlecht« müssen akzeptiert werden. Es ist unmöglich, irgendetwas loszuwerden. Niemand wird jemals etwas los, sondern man lernt langsam und allmählich, alles zu akzeptieren. Daraus entsteht eine Harmonie zwischen der Dunkelheit und dem Licht und das ist schön. Durch den Kontrast wird das Leben zur Harmonie.

Versuche also, diese Momente auch zu leben. Mache kein Problem daraus. Denke nicht: »Was soll ich bloß tun, damit ich nicht mehr so unruhig bin?« Wenn du unruhig bist, sei eben unruhig. Wenn du unglücklich bist, sei unglücklich und mache keinen großen Wirbel deshalb. Sei einfach unglücklich, was sollst du denn sonst tun?

Es ist wie mit dem Wetter: Es ist Sommer und es ist heiß. Was kannst du da tun? Solange es heiß ist, lass es dir heiß sein und schwitze! Und wenn es kalt ist, zittere und genieße es! Ganz allmählich wirst du erkennen, dass die polaren Gegensätze miteinander verbunden sind. Und der Tag, an dem du verstehst, dass du diese Polarität bist, wird ein Tag tiefer Einsicht und Erkenntnis sein.

Auf Wolke Neun

Seligkeit ist eine sehr nebulöse Angelegenheit – wie eine Wolke, undefinierbar und ständig wechselnd. Sie ist weder vorübergehend noch bleibend. Sie ist ewig, aber sie ist nicht tot. Sie ist ausgesprochen lebendig. Sie ist das Leben selbst. Daher ist sie nicht statisch, sondern dynamisch. Sie verändert sich ständig. Das ist das Paradoxe an der Seligkeit: Sie ist ewig, und doch ändert sie sich – jeden Moment neu, und doch immer das Alte. In gewisser Weise ist sie schon immer da gewesen; und in gewisser Weise ist sie jeden Moment ekstatisch und aufregend. Jeden Augenblick überrascht sie einen aufs Neue. Also: eine sehr nebulöse Angelegenheit, die weder als momentan noch als bleibend eingeordnet werden kann.

Spüre, dass um dich herum eine Wolke der Seligkeit ist. Sitze still da und spüre, wie die Wolke dich umgibt. Entspanne dich in diese Wolke, und nach ein paar Tagen wirst du merken, dass sie Wirklichkeit geworden ist. Denn sie ist tatsächlich da, du hast sie nur noch nicht bemerkt. Sie ist wirklich da. Jeder Mensch lebt in einer Wolke von Seligkeit. Man muss sie nur erkennen, das ist alles. Wir werden damit geboren. Sie ist unsere Aura. Sie ist ganz natürlich, unsere ureigene Natur. Setze dich also manchmal einfach still und entspannt hin und spüre, wie du dich in einer Wolke der Seligkeit verlierst, die dich umgibt, die sich ständig verändert und doch immer bei dir bleibt.

Je mehr du dich darin verlierst, desto glückseliger fühlst du dich. Es werden ein paar seltene Momente kommen, in denen du vollkommen verloren bist. Dann ist nur die Wolke da und du bist es nicht. Diese Momente werden als *Satori* oder *Samadhi* bezeichnet. Sie sind die ersten Lichtblicke – eine Ahnung von etwas, das in weiter Ferne liegt und doch die Wahrheit ist.

Ist einmal der Same gesetzt, wird ein Baum daraus werden.

Stell dir mal vor!

Wenn du eine starke Vorstellungskraft besitzt und diese Fähigkeit bewusst einsetzen kannst, kann sie dir eine große Hilfe sein. Wird sie nicht bewusst eingesetzt, kann sie zum Hindernis werden. Man sollte diese Fähigkeit benutzen, sonst wird sie zu einem Felsblock auf dem Weg. Man muss darüber hinweg steigen, ihn in ein Sprungbrett verwandeln.

Dafür musst du drei Dinge tun:

Erstens: Stell dir vor, dass du so glücklich wie nur möglich bist. Innerhalb einer Woche wirst du ganz ohne Grund plötzlich Glücksgefühle bekommen. Das wird der Beweis für deine schlummernde Fähigkeit sein. Stell dir also morgens als Erstes vor, dass du unheimlich glücklich bist. Sei schon beim Aufstehen in bester Stimmung – strahlend glücklich, übersprudelnd vor freudiger Erwartung, als ob sich an dem Tag etwas ganz Tolles und unendlich Wertvolles öffnen oder ereignen wird. Steige schon mit einer ganz positiven und hoffnungsvollen Stimmung aus dem Bett, mit dem Gefühl, dass dieser Tag kein gewöhnlicher Tag sein wird, dass etwas ganz Besonderes und Außergewöhnliches auf dich wartet; etwas, das schon ganz nahe ist. Versuche dich den ganzen Tag immer wieder daran zu erinnern. Nach sieben Tagen wirst du merken, dass sich dein ganzes Muster, dein ganzer Stil, deine ganze Schwingung geändert haben.

Zweitens: Wenn du dich abends schlafen legst, stelle dir vor, dass du in Gottes Hände fällst, dass er dich hält und du in seinem Schoß einschläfst. Stell dir das vor, während du einschläfst. Höre nicht damit auf, dir dieses

Bild vorzustellen, bis der Schlaf kommt, sodass du diese Vorstellung mit in den Schlaf nimmst; sie geht in den Schlaf über. Das ist das Zweite.

Drittens: Stelle dir nichts Negatives vor, denn wenn sich Leute mit einer starken Vorstellungskraft negative Dinge vorstellen, dann passieren diese Dinge. Wenn du glaubst, dass du krank wirst, dann wirst du krank. Wenn du denkst, dass jemand grob zu dir sein wird, wird er es auch sein. Schon allein deine Vorstellung wird die Situation hervorrufen.

Fange also morgens und abends mit diesen Vorstellungen an und erinnere dich daran, dir nichts Negatives vorzustellen. Wenn du merkst, dass ein negativer Gedanke kommt, verwandle ihn sofort in etwas Positives. Sage Nein dazu und lass ihn sofort fallen.

Lächle aus dem Bauch heraus

Immer wenn du irgendwo sitzt und nichts zu tun hast, entspanne deinen Unterkiefer und öffne den Mund ein wenig. Beginne durch den Mund zu atmen, aber nicht tief. Lass den Körper so atmen, dass die Atmung immer flacher und flacher wird. Wenn du spürst, dass dein Atem ganz flach geht, dein Mund leicht geöffnet und dein Unterkiefer entspannt sind, dann wird sich dein ganzer Körper entspannen.

In diesem Moment spürst du ein Lächeln, und zwar nicht im Gesicht, sondern es breitet sich in deinem Inneren aus. Du wirst merken, dass du es kannst. Es ist nicht ein Lächeln, das auf den Lippen erscheint, sondern ein existenzielles Lächeln, das sich nur innerlich ausbreitet.

Probiere es heute Abend einmal aus und du wirst wissen, was es ist, denn man kann es nicht erklären. Du brauchst nicht mit den Lippen zu lächeln, nicht im Gesicht, sondern so, als käme das Lächeln aus dem Bauch. Der Bauch lächelt. Es ist ein Lächeln, kein Lachen, also ist es sehr sanft, zart und zerbrechlich, als ob sich eine kleine Rose im Bauch öffnet und sich ihr Duft im ganzen Körper ausbreitet.

Hast du einmal erfahren, was dieses Lächeln ist, kannst du 24 Stunden am Tag glücklich bleiben. Wenn du spürst, dass dir das Glücksgefühl abhanden gekommen ist, mach einfach die Augen zu und hole dir das Lächeln wieder; es wird wiederkommen. Hole es dir den ganzen Tag über immer wieder – es ist immer da.

Reisse die chinesische Mauer nieder

Viele Leute gehen ihr ganzes Leben lang immer nur bis zu einem bestimmten Punkt. Du warst wütend und bist nur bis zu einem bestimmten Punkt gegangen. Du warst traurig und bist nur bis zu einem bestimmten Punkt gegangen. Du warst glücklich und bist nur bis zu einem bestimmten Punkt gegangen. Es gibt eine feine Markierung, über die du noch nie hinaus gegangen bist. Alles geht nur bis dahin und dann hört es auf. Es geht schon fast automatisch, dass du in dem Moment, in dem du diese Linie erreichst, sofort stehen bleibst.

Jedem ist das so beigebracht worden – dass Wut nur bis zu einer bestimmten Grenze erlaubt ist, aber ja nicht mehr, weil noch mehr davon gefährlich sein kann. Man darf nur bis zu einer bestimmten Grenze glücklich sein, aber nicht mehr, denn von zu viel Glück kann man wahnsinnig werden. Traurig sein darf man auch nur bis zu einem bestimmten Punkt, aber nicht mehr, weil man dann selbstmordgefährdet sein kann. So hat man es dir beigebracht. Eine chinesische Mauer ist um dich herum errichtet und um alle anderen auch. Du gehst nie weiter als bis dahin. Dies ist dein einziger Raum, deine einzige Freiheit. Wenn du dich also freust oder glücklich bist, steht dir diese Mauer im Weg. Mache sie dir bewusst.

Beginne mit einem Experiment, das sehr hilfreich ist. Es heißt die Methode der Übertreibung. Es ist eine der ältesten tibetischen Meditationstechniken. Wenn du traurig bist, schließe die Augen und übertreibe deine Traurigkeit. Gehe so tief wie möglich hinein, gehe über die

Grenze hinaus. Wenn du seufzen, stöhnen und weinen möchtest, tue es. Wenn du dich auf dem Boden wälzen möchtest, tue es. Gehe aber auf jeden Fall über deine übliche Grenze hinaus – wohin du vorher noch nie gegangen bist.

Übertreibe! Denn diese Grenze, diese ständige Begrenzung, in der du gelebt hast, ist so sehr zur Routine geworden, dass sie dir gar nicht bewusst wird, wenn du sie nicht überschreitest. Sie gehört zu deinen eingefahrenen Gewohnheiten. Deshalb kann es sein, dass du nie merkst, wenn du eigentlich wütend bist, bis du einmal über diese Grenze hinaus gegangen bist. Dann wird sie dir plötzlich bewusst, weil etwas geschieht, was dir vorher noch nicht passiert ist.

Mache dieses Experiment mit Traurigkeit, mit Wut, mit Eifersucht – mit allem, was du im Moment fühlst – und ganz besonders, wenn du glücklich bist. Wenn du glücklich bist, glaube nicht an Grenzen! Lass dich gehen, stürze dich über die Grenze: Tanze, singe oder renne. Sei nicht geizig zu dir!

Hast du einmal gelernt, wie man über die Grenze geht, wie man Grenzen überschreitet, wirst du in einer völlig anderen Welt landen. Dann wirst du begreifen, wie viel du dein ganzes Leben lang verpasst hast.

Du wirst noch oft gegen diese chinesische Mauer laufen, aber im Laufe der Zeit wirst du wissen, wie man sie durchbricht. Sie ist nämlich nicht wirklich da, man glaubt nur, es gäbe sie.

Erschaffe deine Privatwelt

Bediene dich jeden Abend dieser Technik. Sie funktioniert in drei Schritten und in den ersten sieben Tagen machst du den ersten Schritt: Liege oder sitze auf dem Bett, schalte das Licht aus und sei im Dunkeln. Nun erinnere dich an einen schönen Moment, den du in der Vergangenheit erlebt hast. Irgendeinen schönen Moment – such dir einen der besten aus. Es kann etwas ganz Gewöhnliches sein, denn manchmal passieren die ungewöhnlichsten Dinge an sehr gewöhnlichen Orten.

Du sitzt ganz still, tust nichts und Regen fällt aufs Dach. Der Geruch und das Geräusch umgeben dich, und plötzlich klickt etwas – du erlebst einen heiligen Augenblick. Oder du gehst eines Tages auf der Straße entlang, und plötzlich fällt das Sonnenlicht durch die Bäume auf dich – und klick! Etwas öffnet sich. Einen Moment lang wirst du in eine andere Welt versetzt.

Hast du dich für einen bestimmten Moment entschieden, dann bleibe dabei – sieben Tage lang. Schließe einfach die Augen und erlebe ihn immer wieder. Geh in jedes Detail. Der Regen fällt aufs Dach ... Das Geräusch: Plop, Plop, Plop ... Der Geruch ... Genau so, wie sich dieser Moment anfühlt ... Ein Vogel singt, ein Hund bellt ... Ein Teller ist herunter gefallen – jedes Geräusch. Gehe in alle Einzelheiten, von allen Seiten, multidimensional, mit all deinen Sinnen. Jeden Abend wirst du feststellen, dass du noch tiefer ins Detail gehen kannst, dass du dich an Dinge erinnerst, die du, als es wirklich passierte, vielleicht gar nicht mitbekommen hast, aber die dein Gehirn gespeichert hat. Ob du einen

Moment verpasst hast oder nicht – dein Hirn speichert alles.

Du wirst feine Nuancen spüren, von denen du gar nicht wusstest, dass du sie erlebt hattest. Wenn sich dein Bewusstsein auf diesen Moment konzentriert, wird dieser Moment wieder da sein. Du wirst anfangen, lauter neue Dinge wahrzunehmen. Plötzlich wird dir klar, dass sie alle da waren, du sie aber in jenem Moment nicht mitbekommen hattest. Das Hirn zeichnet alles auf. Es ist ein äußerst verlässlicher Diener mit unheimlichen Fähigkeiten.

Am siebenten Tag wirst du in der Lage sein, den Moment so klar zu sehen, dass du das Gefühl hast, du hättest noch nie einen wirklichen Moment so klar gesehen wie diesen.

Nach sieben Tagen tust du dasselbe wie vorher, aber es kommt noch eines dazu: Fühle am achten Tag den Raum um dich herum. Spüre, wie du von allen Seiten vom Klima dieses Moments umgeben bist - etwa bis zu einem Meter Abstand. Fühle dich von der Aura dieses Moments eingehüllt. Am 14. Tag wirst du dich fast wie in einer völlig anderen Welt fühlen, obwohl dir bewusst ist, dass jenseits von diesem einen Meter eine ganz andere Zeit und eine ganz andere Dimension herrschen.

In der dritten Woche kommt dann noch etwas dazu: Lebe diesen Moment, sei darin eingehüllt und nun erschaffst du einen imaginären Schutzraum.

Nehmen wir an, du fühlst dich sehr gut. Einen Meter um dich herum bist du in diesen Raum von Gut-Sein, von Göttlichkeit eingehüllt. Nun stelle dir folgende Situation vor: Jemand beleidigt dich, aber die Beleidigung geht nur bis zu dieser Grenze. Sie ist wie ein Zaun, sodass die Beleidigung nicht an dich heran kommt. Sie kommt wie ein Pfeil und prallt dort ab. Oder erinnere dich an einen traurigen Moment: Du fühlst dich verletzt, aber die Verletzung geht nur bis zu dieser Glasmauer, die dich umgibt, und prallt dort ab. Sie kann dich nicht erreichen. In der dritten Woche wirst du sehen können – wenn du in den ersten beiden Wochen richtig dabei geblieben bist –, dass alles nur bis zu der Grenze von einem Meter an dich heran kommt und dich nichts treffen kann.

Ab der vierten Woche kannst du diese Aura überall hin mitnehmen. Ob du zum Markt gehst oder mit Leuten redest – behalte sie immer im Auge.

Du wirst begeistert sein. Du bewegst dich in der Welt und hast deine eigene Welt, deine private Welt, ständig mit dabei. Das versetzt dich in die Lage, in der Gegenwart zu leben: Denn sonst wirst du ständig mit tausenden und abertausenden von Dingen bombardiert. Sie nehmen deine Aufmerksamkeit in Anspruch. Wenn du nicht eine schützende Aura um dich hast, bist du verletzlich. Ein Hund bellt und deine Aufmerksamkeit wird plötzlich in diese Richtung gelenkt. Der Hund kommt in dein Gedächtnis. Nun hast du viele Hunde aus der Vergangenheit im Gedächtnis. Dein Freund hat einen Hund; nun gehst du vom Hund zu deinem Freund; von dort zur Schwester deines Freundes, in die du mal verliebt warst. Nun beginnt der ganze Unsinn. Das Bellen des Hundes war in der Gegenwart, aber es hat dich woanders hin in die Vergangenheit geführt. Es kann dich auch in die Zukunft führen; man weiß es nicht. Alles kann überall hin führen – die Wege sind sehr verschlungen.

Deshalb braucht man etwas um sich herum, eine beschützende Aura. Der Hund kann weiter bellen, aber du bleibst bei dir selbst – beständig, ruhig und in deiner Mitte.

Trage diese Aura einige Wochen oder Monate mit dir herum. Wenn du siehst, dass sie nun nicht mehr nötig ist, kannst du sie ablegen. Hast du einmal gelernt, im Hier und Jetzt zu sein, die Schönheit und unglaubliche Seligkeit dieses Zustands erfahren, kannst du die Aura vergessen.

Glückliche Füsse

Lerne, mit dem ganzen Körper zu lachen. Das ist ein ganz wichtiger Punkt, den man verstehen muss. Man kann mit den Lippen lachen, man kann mit der Kehle lachen, aber es geht nicht sehr tief.

Setze dich mitten im Raum auf den Boden und stell dir vor, dass ein Lachen von deinen Fußsohlen kommt. Schließe zuerst die Augen und dann spüre, wie ein Lachen in kleinen Wellen von deinen Füßen aufsteigt. Sie sind ganz winzig. Dann kommen sie zum Bauch, wo sie schon besser zu sehen sind: Der Bauch beginnt zu zittern und zu wackeln. Dann kommt das Lachen zum Herzen und das Herz fühlt sich voll. Und erst dann lasse es zur Kehle und zu den Lippen kommen. Du kannst mit der Kehle und den Lippen lachen und Geräusche machen, die wie Lachen klingen, ohne dass es Lachen ist. Das bringt nicht viel. Es wäre wieder nur eine mechanische Pose.

Wenn du zu lachen anfängst, stell dir vor, du bist ein kleines Kind. Sieh dich selbst als kleines Kind. Wenn kleine Kinder lachen, wälzen sie sich auf dem Boden herum. Wenn du Lust hast, wälze dich herum. Es geht nur darum, sich voll und ganz darauf einzulassen. Dabei ist es längst nicht so wichtig, wie laut du lachst, sondern wie sehr du darin aufgehst. Du wirst es merken, wenn es richtig anfängt. Die ersten zwei oder drei Tage kannst du vielleicht noch nicht spüren, ob es wirklich geschieht oder nicht, aber es wird auf jeden Fall geschehen. Lasse es aus deinen tiefsten Wurzeln kommen ... wie bei einem Baum, dessen Blüte von den Wurzeln bis ganz nach oben gereist ist. Sie steigt ganz allmählich nach oben. Man kann die

Blüte nirgendwo anders sehen. Erst wenn sie ganz oben angekommen ist, blüht sie auf, und man kann sie sehen. Aber sie kommt von den Wurzeln, von tief unter der Erde. Sie ist aus der Tiefe den ganzen Weg hinauf gereist.

Genau auf dieselbe Weise sollte das Lachen in den Füßen anfangen und dann nach oben steigen. Lasse deinen ganzen Körper davon durchschütteln. Spüre zuerst die zitternden Schwingungen und kooperiere mit diesen Schwingungen. Bleibe nicht steif, sondern entspanne dich und unterstütze sie. Selbst wenn du am Anfang ein wenig übertreibst, ist es hilfreich. Wenn du spürst, wie deine Hand zittert, lass sie ein wenig mehr zittern, damit die Energie ins Fließen kommt und zu strömen beginnt. Dann fange an, dich zu wälzen und zu lachen. Lache abends, bevor du dich schlafen legst. Zehn Minuten vor dem Einschlafen sind genug. Dann wieder morgens als Erstes; du kannst auch im Bett lachen – also nachts als Letztes und morgens als Erstes. Das Lachen in der Nacht wird deinen Schlaf beeinflussen. Deine Träume werden fröhlicher, lustiger, und sie werden dir helfen, morgens wieder zu lachen. Sie werden den Hintergrund dafür bilden. Das Lachen am Morgen wird den Trend des ganzen Tages bestimmen.

Was immer du morgens als Erstes tust, wird die Tendenz für den ganzen Tag bestimmen. Wenn du morgens wütend wirst, kommt es zur Kettenreaktion. Eine Wut führt zur nächsten. Du fühlst dich sehr dünnhäutig. Jede Kleinigkeit macht dir etwas aus und du fühlst dich verletzt oder beleidigt. Lachen ist wirklich das Beste, um den Tag zu beginnen, aber lasse es total sein. Und dann den ganzen Tag über – wann immer sich eine Gelegenheit ergibt, verpasse sie nicht: Lache!

Das Mantra Ja

Ich lehre dich, Ja zu sagen: Ja zum Leben, zur Liebe, zu den Menschen. Ja, es gibt auch Dornen, aber man braucht sie nicht zu zählen. Achte nicht auf sie, sondern meditiere mit Blick auf die Rose. Lass dich in deiner Meditation tiefer auf die Rose ein und die Rose wird sich tiefer auf dich einlassen. Dann werden die Dornen kleiner, als sie zu Beginn waren. Es kommt ein Moment, in dem dich die Rose vollkommen vereinnahmt. Dann gibt es keine Dornen mehr auf der Welt.

Richte deine Energie immer mehr auf ein »Ja!« Mache ein Mantra aus dem Ja. Wiederhole jeden Abend vor dem Schlafengehen für dich: »Ja ... Ja ... Ja ...«, und stimme dich ganz darauf ein. Lass dich davon wiegen und einlullen – von Kopf bis Fuß. Lass dich davon durchdringen. Wiederhole: »Ja ... Ja ... Ja ...« Lass es zehn Minuten lang dein Nachtgebet sein und dann lege dich schlafen.

Sitz frühmorgens mindestens drei Minuten im Bett und wiederhole als Erstes vor dem Aufstehen: »Ja«, sodass du in die richtige Stimmung kommst.

Wenn du tagsüber negative Gefühle bekommst, dann halte an – auf der Straße oder wo immer du sonst du bist. Wenn du laut »Ja ... Ja ...« sagen kannst, gut. Sonst sage es leise für dich. Übe das Ja drei Wochen lang.

Sei nicht traurig, werde wütend!

Wut und Traurigkeit sind dasselbe. Traurigkeit ist passive Wut und Wut ist aktive Traurigkeit. Jemandem, der traurig ist, fällt es schwer, wütend zu werden. Wenn du jemanden, der traurig ist, wütend machen kannst, wird seine Traurigkeit sofort verschwinden. Und jemandem, der wütend ist, fällt es sehr schwer, traurig zu werden. Wenn du ihn traurig machen kannst, ist seine Wut sofort weg.

In allen unseren Emotionen setzt sich die grundlegende Polarität fort: von Mann und Frau, Yin und Yang, männlich und weiblich. Wut ist männlich, Traurigkeit ist weiblich. Wenn du also gerade auf Traurigkeit eingestimmt bist, ist es schwer, auf Wut umzuschalten, aber ich möchte, dass du genau das tust. Lasse deine Wut heraus, agiere sie aus. Auch wenn es dir unsinnig vorkommt – selbst dann. Auch wenn du dir selbst wie ein Idiot vorkommst, zeige deine Wut.

Wenn du zwischen Wut und Traurigkeit hin und her springen kannst, wirst du beides leichter nehmen. Du wirst darüber stehen und dann kannst du sie beobachten. Du kannst hinter den Kulissen stehen und dir bei diesen Spielen zuschauen. Dann kannst du über beides hinaus gehen. Doch zuerst musst du in der Lage sein, ohne Schwierigkeiten zwischen beiden hin und her zu springen. Sonst tendierst du zu sehr zur Traurigkeit oder Wut. Und wenn das Gewicht zu schwer auf einer Seite ist, wird es schwierig, darüber hinaus zu gehen.

Merke dir: Wenn zwei Energien, gegensätzliche Energien, genau gleich sind, fifty-fifty, dann ist es einfach, daraus auszusteigen, weil sie sich bekämpfen und gegenseitig aufheben, und du wirst nicht davon beherrscht. Deine Traurigkeit und deine Wut sind fifty-fifty – gleiche Energien, die sich gegenseitig aufheben können. Dann bist du plötzlich frei und kannst aussteigen. Aber wenn man siebzig Prozent Traurigkeit und nur dreißig Prozent Wut hat, dann wird es sehr schwierig. Dreißig Prozent Wut gegen siebzig Prozent Traurigkeit bedeutet, dass vierzig Prozent Traurigkeit übrig bleiben. Dann ist es nicht möglich. Du wirst nicht so einfach daraus entkommen. Diese vierzig Prozent bleiben hängen.

Dies ist eines der Grundgesetze der inneren Energien: Lass gegensätzliche Polaritäten immer auf den gleichen Stand kommen; dann bist du in der Lage, daraus auszusteigen. Es ist so, als würden sich zwei Leute bekämpfen und du kannst entkommen. Sie sind so miteinander beschäftigt, dass du dich um nichts mehr zu kümmern brauchst und dich aus dem Staub machen kannst.

Denke nicht lange darüber nach. Mache es dir zur Übung. Du kannst es dir zur täglichen Übung machen. Warte nicht, dass es von selbst passiert. Werde einfach jeden Tag wütend – das ist leichter. Springe, renne, schreie und lass es heraus. Wenn du es schaffst, ganz ohne Grund wütend zu werden, kannst du glücklich sein, denn nun hast du die Freiheit. Ansonsten wird sogar die Wut immer von Situationen beherrscht; du bist nicht ihr Meister. Wenn du sie nicht herauslassen kannst, wie sollst du sie dann loslassen?

Es mag dir zuerst ein bisschen komisch vorkommen, fremd oder auch nicht glaubwürdig, weil du immer an die Theorie geglaubt hast, es sei jemand anders, der dich mit seinem unverschämten Verhalten wütend gemacht hat. Das stimmt nicht. Die Wut ist schon immer da gewesen. Jemand hat ihr nur einen Vorwand geliefert herauszukommen.

Du kannst dir selbst den Vorwand liefern. Stell dir eine Situation vor, in der du wütend geworden wärest, und werde wütend. Rede mit der Wand und beschimpfe sie. Bald wird die Wand auch mit dir reden! Werde einfach völlig verrückt. Du musst Wut und Traurigkeit auf Gleichstand bringen, sodass sie völlig ausgewogen sind. Sie werden sich gegenseitig aufheben und du bist aus dem Schneider.

Gurdjieff hat das den »Weg des schlauen Mannes« genannt: die inneren Energien so sehr in Konflikt miteinander zu bringen, dass sie damit beschäftigt sind, sich gegenseitig auszuschalten und man Gelegenheit hat zu entwischen.

Die Pausen dazwischen

Das Einzige, was wirklich ist, ist der Zwischenraum – in der Pause zwischen zwei Worten, zwei Gedanken, zwei Wünschen, zwei Emotionen oder zwei Gefühlen –, wo immer eine Pause ist: zwischen Schlafen und Aufwachen oder zwischen Wachsein und Schlafen, in der Pause zwischen Körper und Seele – in diesem Zwischenraum. Wenn Liebe zu Hass wird, die Pause, wenn es nicht mehr Liebe ist und noch nicht Hass; wenn die Vergangenheit zur Zukunft wird, wenn sie nicht mehr da ist und die Zukunft noch nicht gekommen ist, dieser winzige Moment, das ist die Gegenwart, das ist das Jetzt. Er ist so klein, dass er nicht als Teil der Zeit bezeichnet werden kann. Er ist unteilbar klein; er kann nicht geteilt werden. Diese Pause ist unteilbar und sie kommt jeden Moment auf tausendfache Weise.

Unsere Stimmungen verwandeln sich ständig von einer zur nächsten und wir machen sie alle mit. Innerhalb von 24 Stunden gehen wir so oft durch diese Zwischenräume, wenn es eigentlich ein Wunder ist, dass wir sie immer wieder verpassen. Aber wir achten nie auf die Pause. Wir haben den Trick gelernt, nie aufzupassen, wann eine Pause ist. Sie ist so klein, dass sie kommt und geht, und wir merken nicht einmal, dass sie da gewesen ist. Wir werden uns vieler Dinge erst dann bewusst, wenn sie nicht mehr da sind, wenn sie der Vergangenheit angehören. Oder wir passen auf, ob sie kommen, wenn sie noch der Zukunft angehören. Aber wir schaffen es irgendwie immer wieder, das, was wirklich da ist, nicht zu sehen.

Wenn du wütend wirst, bemerkst du es nicht. Später tut es dir Leid. Wenn es direkt bevorsteht, dann spürst du es und es stört dich, dass es schon wieder kommt. Aber wenn es dann da ist, wirst du blind und taub, unbewusst und merkst nichts. Die Pause ist so winzig, dass du sie immer wieder verpassen wirst, wenn du nicht hellwach bist. Sie ist so klein. Man kann sie nur bei vollem Bewusstsein mitbekommen. Nur wenn du total da bist, wirst du sie sehen können. Ein Gedanke hört auf zu existieren und ein anderer Gedanke beginnt zu existieren – dazwischen ist ein Zwischenraum ohne Gedanken. Das ist das Einzige, was wirklich ist.

Ich gebe dir den vollständigen Schlüssel. Nun musst du diesen Schlüssel für die Arbeit an deinem Sein benutzen.

Versuche beim Einschlafen auf die Pause zu achten, die da ist, wenn du nicht mehr wach bist und noch nicht schläfst. Da kommt ein Moment, ein winzig kleiner Moment, der jedoch nicht lange währt. Er ist nur wie ein Hauch, eine leichte Brise. Er ist da und schon wieder weg. Wenn du ihn jedoch erwischen kannst, wirst du staunen: Du bist über einen der größten Schätze des Lebens gestolpert.

Diesen Moment zu erleben, selbst wenn er unabsichtlich kommt, ist ein Segen. Etwas davon klingt weiter nach in deinem Sein, auch wenn du gar nichts gemerkt hast. Doch von jetzt an achte darauf. Ganz allmählich kommst du ihm auf die Schliche.

Nimm es dreimal zur Kenntnis

Im Buddhismus gibt es eine besondere Methode. Sie heißt: »Nimm es dreimal zur Kenntnis.« Wenn ein Problem auftaucht, zum Beispiel hat jemand plötzlich ein starkes sexuelles Bedürfnis oder ist gierig oder wütend, dann soll er dreimal zur Kenntnis nehmen, dass es da ist. Wenn Wut aufkommt, sagt der Schüler dreimal innerlich zu sich selbst: »Wut, Wut, Wut.« Es geht darum, es voll und ganz zur Kenntnis zu nehmen, damit es dem Bewusstsein nicht verloren geht. Das ist alles. Dann macht er weiter mit dem, was er gerade getan hat. Er tut nichts mit der Wut, er nimmt sie lediglich dreimal wahr.

Es ist eine wunderschöne Technik. Sobald du dir etwas bewusst machst und zur Kenntnis nimmst, ist es fort. Es hat keine Gewalt über dich, denn das kann nur geschehen, wenn du unbewusst bist. Dieses dreimalige Zur-Kenntnis-Nehmen macht dich innerlich so bewusst, dass du von der Wut Abstand nehmen kannst. Du kannst sie zum Objekt machen, denn sie ist dort und du bist hier. Buddha sagte seinen Schülern, sie sollten mit allem so vorgehen.

Normalerweise lehren uns alle Kulturen und Zivilisationen, Probleme zu unterdrücken, sodass sie einem allmählich nicht mehr bewusst sind, und zwar so sehr, dass man sie vergisst und denkt, es gäbe sie gar nicht.

Genau das Gegenteil ist der richtige Weg. Mache sie dir total bewusst. Indem man sich ihrer bewusst wird und sie genau anschaut, bringt man sie zum Schmelzen.

Das Gesetz der Affirmation

Es gibt ein großartiges Gesetz mit dem Namen »das Gesetz der Affirmation«. Wenn du eine Affirmation aus tiefstem Herzen und mit voller Überzeugung total und absolut aussprichst, beginnt sie Wirklichkeit zu werden. Deshalb sind viele Menschen unglücklich, wegen dieses Gesetzes, denn sie bekräftigen ihr eigenes Unglück. Deshalb ist man auch glücklich – was jedoch nur für wenige Menschen gilt, da nur wenigen Menschen bewusst ist, was sie mit ihrem Leben machen. Würden sie ihre Freude bekräftigen, wären sie viel fröhlicher.

Beschließe es einfach: Höre auf, das Negative zu bekräftigen, und beginne, das Positive zu bekräftigen.

Innerhalb von wenigen Wochen wirst du staunend feststellen, dass du einen magischen Schlüssel in Händen hältst.

Wenn du zum Beispiel oft traurig wirst, gib dir selbst jeden Abend vor dem Schlafengehen zwanzig Mal die folgende Affirmation: Sage zu dir selbst tief innen und leise, aber laut genug, um es hören zu können, dass du froh und glücklich sein wirst, dass es tatsächlich so sein wird und du bereits auf dem Weg dahin bist. Du hast deine Traurigkeit zum letzten Mal gelebt und verabschiedest dich jetzt von ihr. Wiederhole es zwanzig Mal und dann schlafe ein.

Und morgens, gleich wenn du merkst, dass du aufwachst, öffne deine Augen noch nicht. Sage es wieder zwanzig Mal.

Achte tagsüber darauf, was sich ändert. Du wirst staunen. Etwas ist ganz anders um dich herum. Nach sieben Tagen wirst du das Resultat sehen: Die Affirmation wirkt. Dann beginne allmählich, alles Negative loszulassen. Suche dir eine negative Sache für eine Woche aus, und dann lass sie los. Suche dir eine positive Qualität und nimm sie voll und ganz in dich auf.

Es ist alles eine Frage der eigenen Wahl. Wir erschaffen die Hölle mit unseren Gedanken und den Himmel ebenso. »Der Mensch ist, was er denkt.« Und wenn du begriffen hast, dass man mit Gedanken Himmel und Hölle erschaffen kann, dann kannst du den letzten Sprung wagen: ins Nicht-Denken. Man kann über Himmel und Hölle hinaus gehen. Und vergiss nicht: Es ist einfacher, den Himmel loszulassen als die Hölle. Deshalb gehe zuerst vom Negativen zum Positiven. Es klingt paradox, aber es ist einfacher, etwas Schönes hinter sich zu lassen als etwas Hässliches. Das Hässliche ist klebrig.

Es ist einfacher, Reichtum hinter sich zu lassen, als Armut aufzugeben. Es ist einfacher, einen Freund zu verlassen als einen Feind. Es ist einfacher, einen Freund zu vergessen als seinen Feind.

Mache die Hölle zum Himmel – darüber sind die westlichen Religionen nie hinaus gegangen. Im Osten hat man jedoch versucht, auch den Himmel loszulassen, denn selbst ein positiver Gedanke ist immer noch ein Gedanke.

Dann beginne mit der Affirmation des Nicht-Denkens, eines Zustands ohne Gedanken. Dies ist das Höchste, was geschehen kann.

7: Sexualität und Beziehungen

Der Tanz mit dem Partner

Diagnose

Wir leben zusammen und haben keine Ahnung, was Zusammenleben wirklich ist. Man kann über Jahre zusammen leben, ohne zu wissen, was Zusammensein bedeutet. Schaut euch die Welt an: Die Menschen leben zusammen, fast niemand lebt allein: Männer mit Ehefrauen, Frauen mit Ehemännern, Kinder mit Eltern, Eltern mit Freunden – alle leben zusammen. Das Leben besteht im Zusammensein, aber weißt du wirklich, was Zusammensein bedeutet? Es kann sein, dass du mit deiner Frau seit vierzig Jahren zusammenlebst und keinen einzigen Moment wahren Zusammenseins erfahren hast. Selbst im Bett hast du vielleicht immer auch noch an andere Dinge gedacht. Dann warst du nicht wirklich da, der Liebesakt war rein mechanisch.

Ich habe eine Geschichte gehört: Mulla Nasruddin ging mit seiner Frau ins Kino. Sie waren seit zwanzig Jahren verheiratet. Der Film war einer von diesen heißen ausländischen Streifen! Als sie aus dem Kino herauskamen, sagte seine Frau: »Nasruddin, du liebst mich nie so, wie diese Schauspieler es im Film getan haben. Warum?«

Nasruddin antwortete: »Bist du verrückt? Weißt du, wie viel die sich dafür bezahlen lassen, um solche Sachen zu machen?«

Die Menschen leben ohne Liebe miteinander, denn man liebt nur, wenn es sich bezahlt macht. Und wie kannst du lieben, wenn du nur liebst, weil es sich lohnt? Dann ist Liebe nur noch eine Ware auf dem Markt. Sie ist keine Beziehung, kein Zusammensein; sie wird nicht gefeiert. Ihr seid nicht glücklich miteinander. Bestenfalls ertragt ihr euch gegenseitig.

Mulla Nasruddins Frau lag im Sterben. Der Arzt sagte zu ihm: »Nasruddin, ich will offen mit dir sein. In solchen Momenten ist es besser, ehrlich zu sein. Deine Frau kann nicht mehr gerettet werden. Die Krankheit ist stärker als wir; du musst bereit sein. Lass dich vom Leid nicht überwältigen, sondern akzeptiere es. Es ist dir vom Schicksal so beschieden. Deine Frau wird sterben.«

Mulla antwortete: »Keine Sorge. Nun habe ich so viele Jahre unter ihr gelitten; da kann ich ruhig noch ein paar Stunden mehr leiden.«

Wir tolerieren uns höchstens gegenseitig. Und immer wenn man etwas nur »toleriert«, dann leidet man eigentlich. Euer Zusammensein ist Leiden. Deshalb hat Jean-Paul Sartre gesagt: »Die Hölle, das sind die anderen!« Denn mit dem Anderen leidest du nur, der andere wird zu deinem Gefängnis; der andere beherrscht dich. Wenn der andere beginnt, dir Ärger zu machen, ist es mit deiner Freiheit, mit deinem Glück vorbei. Dann wird es zur Routine, zu etwas, was man eben ertragen muss. Wenn du den anderen nur tolerierst, wie kannst du jemals erleben, wie schön es ist, mit jemandem zusammen zu sein? Es ist in Wirklichkeit nie passiert.

Eine wahre Ehe findet fast nie wirklich statt, denn Ehe bedeutet, dass man das Zusammensein feiert. Sie ist kein Schein vom Amt. Kein Standesamt kann euch die Ehe geben, kein Priester kann sie euch schenken. Wahre Ehe ist eine tief greifende Umwälzung eures Seins, eine totale Veränderung eures Lebensstils und kann nur wirklich stattfinden, wenn ihr das Zusammensein feiern könnt, wenn der andere nicht mehr als der andere empfunden wird, wenn du dich nicht mehr als »Ich« fühlst. Wenn zwei Leute nicht mehr wirklich Zwei sind, ist eine Brücke entstanden; in einem gewissen Sinn sind sie Eins geworden. Körperlich bleiben sie Zwei, was jedoch ihren Kern ausmacht, ihr Sein, so sind sie Eins geworden. Sie mögen zwei ganz unterschiedliche Pole einer Existenz sein, aber innerlich sind sie nicht Zwei. Es gibt eine Brücke. Durch diese Brücke bekommt ihr eine Ahnung von wahrem Zusammensein. Eine echte Ehe gehört zu den seltensten Dingen auf dieser Welt. Die Menschen leben nur zusammen, weil sie nicht allein leben können. Vergesst das nicht: Weil sie nicht allein leben können, leben sie zusammen. Allein zu leben ist nicht so bequem, allein zu leben ist unwirtschaftlich, allein zu leben ist schwierig. Deshalb lebt man zusammen. Die Gründe dafür sind negativ.

Ein Mann wollte heiraten. Jemand fragte ihn: »Du warst doch immer gegen die Ehe. Warum hast du plötzlich deine Meinung geändert?«

Er meinte: »Der Winter kommt bald und es heißt, diesmal wird er besonders kalt. Eine Zentralheizung kann ich mir nicht leisten und eine Frau ist billiger.«

Das ist die Logik. Du lebst mit jemandem zusammen, weil es bequem, praktisch, wirtschaftlich und billiger ist. Allein zu leben ist wirklich schwierig: Eine Ehefrau ist so vieles: Haushälterin, Köchin, Dienerin, Krankenschwester – so viele Dinge! Sie ist die billigste Arbeitskraft der Welt; sie tut so viel, ohne dafür bezahlt zu werden. Es ist pure Ausbeutung.

Die Ehe ist eine Ausbeutungsinstitution, kein Zusammensein. Deshalb kann daraus auch kein Glück aufblühen, es ist ausgeschlossen. Wie kann aus den Wurzeln der Ausbeutung Ekstase wachsen?

Es gibt viele so genannte Heilige, die behaupten, man sei nur deshalb unglücklich, weil man Familie hat, weil man in der Welt lebt. Sie sagen: »Lasst alles fahren, entsagt der Welt!« Und ihre Logik scheint richtig zu sein, nicht weil sie richtig ist, sondern weil niemand wahres Zusammensein erlebt hat. Anderenfalls wären diese ganzen Heiligen völlig im Unrecht. Wer Zusammensein erfahren hat, hat auch das Göttliche erfahren. Wer eine wahre Ehe eingegangen ist, hat das Göttliche erfahren, denn die Liebe öffnet das Tor dazu.

Aber es gibt kaum wirkliches Zusammensein. Ihr lebt zusammen, ohne zu wissen, was es bedeutet. Ihr lebt siebzig, achtzig Jahre lang, ohne zu wissen, was Leben ist. Ihr lasst euch treiben, ohne im Leben verwurzelt zu sein; schlingert von einem Moment zum nächsten, ohne von dem zu kosten, was euch das Leben zu bieten hat. Es wird euch nicht bei der Geburt in die Wiege gelegt. Zu wissen, was Leben bedeutet, ist nicht erblich. Das Leben kommt mit der Geburt, aber die Weisheit, die Erfahrung und Ekstase, die es mit sich bringt, müssen erlernt werden. Deshalb ist Meditation so wichtig. Man muss es sich verdienen; man muss dorthin wachsen, man muss eine gewisse Reife erlangen. Nur dann ist man in der Lage zu erkennen, was Leben ist. Es kann sich dir erst dann offenbaren, wenn eine gewisse Reife da ist. Doch die meisten Menschen leben und sterben kindisch; sie werden nie reif.

Was ist Reife? Sexuell reif zu sein, heißt nicht, dass man reif ist. Fragt man die Psychologen, so sagen sie, dass das geistige Durchschnittsalter von Erwachsenen bei ungefähr 13 oder 14 Jahren liegt. Unser physischer Körper wächst weiter, aber der Geist bleibt bei einem Alter von etwa 13 stehen. Kein Wunder, dass ihr euch so töricht verhaltet, dass ihr eine Dummheit nach der anderen in eurem Leben macht. Ein Geist, der nicht erwachsen wird, kann gar nicht anders, als sich jeden Moment falsch zu verhalten.

Und ein unreifer Geist gibt die Verantwortung immer an andere ab. Du bist unglücklich und denkst, es läge daran, dass alle anderen dir das Leben zur Hölle machen. Der andere ist die Hölle. Ich meine, dass dieses Zitat Sartres ausgesprochen unreif ist. Wenn du reif bist, kann der andere auch zum Himmel werden. Der andere ist immer das, was du bist, denn er ist nur ein Spiegel, der dich widerspiegelt.

Wenn ich Reife sage, dann meine ich eine innere Integrität. Diese Integrität kommt erst dann, wenn du aufhörst, andere verantwortlich zu machen, wenn du aufhörst zu sagen, dass der andere an deinem Leiden Schuld ist, wenn du zu erkennen beginnst, dass du der Schöpfer deines Leidens bist. Das ist der erste Schritt zur Reife: Ich bin verantwortlich. Alles, was geschieht, verursache ich selbst.

Du bist traurig. Bist du es nicht, der traurig ist? Es ist

unangenehm, das zuzugeben, aber wenn du zu diesem Gefühl stehen kannst, wirst du früher oder später mit vielen Dingen aufhören. Das ist die ganze Bedeutung des Konzepts vom Karma. Du bist verantwortlich. Sage nicht: »Die Gesellschaft ist verantwortlich.« Sage nicht: »Die Eltern sind verantwortlich.« Sage nicht: »Die wirtschaftlichen Bedingungen sind verantwortlich.« Wälze die Verantwortung auf überhaupt niemanden ab. *Du* bist verantwortlich. Am Anfang scheint es eine Bürde zu sein, denn jetzt kannst du die Verantwortung auf keinen anderen mehr abwälzen. Doch nimm sie an ...

Jemand fragte Mulla Nasruddin: »Warum schaust du so traurig drein?«

Er antwortete: »Meine Frau hat von mir verlangt, dass ich aufhöre zu rauchen, zu trinken und Karten zu spielen. Ich habe mit allem aufgehört.«

Der Mann sagte: »Nun ist deine Frau bestimmt glücklich.«

Nasruddin sagte: »Das ist ja das Problem. Jetzt hat sie nichts mehr, worüber sie sich beschweren kann. Deshalb ist sie zutiefst unglücklich. Sie fängt an zu reden, aber dann weiß sie nicht, worüber sie sich beschweren soll. Jetzt kann sie mich für nichts mehr verantwortlich machen und ich habe sie noch nie so unglücklich gesehen. Ich dachte, sie würde sich freuen, als ich alles aufgab, aber sie ist unglücklicher denn je.«

Wenn du die Verantwortung immer auf andere abwälzt und plötzlich würden alle wirklich alles tun, was du von ihnen verlangst, dann müsstest du Selbstmord begehen. Schließlich wäre keiner mehr da, den du verantwortlich machen kannst.

Daher ist es ein Glück, wenn man ein paar Fehler hat. Das hilft anderen, glücklich zu sein. Gäbe es den wirklich perfekten Ehemann, würde ihn seine Frau verlassen. Wie kann man einen perfekten Ehemann tyrannisieren? Deshalb mache ruhig ein paar Dinge falsch, selbst wenn du es gar nicht willst – damit dich deine Frau tyrannisieren kann und glücklich ist!

Wo ein perfekter Ehemann ist, kommt es mit Sicherheit zur Scheidung. Finde einen perfekten Mann und du wirst gegen ihn sein, weil du ihn nicht verurteilen kannst, weil du keinen Fehler an ihm finden kannst. Mit dem Kopf wollen wir immer die Verantwortung auf jemanden abwälzen.

Mit dem Kopf wollen wir uns immer über etwas beschweren. Dann fühlen wir uns besser, weil wir nicht Schuld sind. Wir sind entlastet! Aber diese Entlastung kommt uns teuer zu stehen. Man ist nicht wirklich entlastet, sondern die Last wird sogar immer schwerer. Man merkt es nur nicht.

Die Menschen werden siebzig Jahre alt und haben davor schon viele Leben hinter sich gebracht, ohne je erfahren zu haben, was Leben ist. Sie waren noch nicht reif dafür, nicht integriert, waren noch nie in ihrer Mitte. Sie haben immer an der Peripherie gelebt.

Wenn deine Peripherie auf eine andere Peripherie trifft, kommt es zum Zusammenstoß. Und wenn du dich ständig damit beschäftigst, ob der andere im Unrecht ist, bleibst du auch an der Peripherie. Hast du jedoch einmal die Erkenntnis: »Ich bin verantwortlich für mein Dasein; für alles, was geschieht, bin ich die Ursache; ich verantworte es selbst«, dann verlagert sich dein Bewusstsein plötzlich von der Peripherie in die Mitte. Nun wirst du zum ersten Mal zum Zentrum deiner Welt.

Nun kann viel geschehen, denn du kannst alles, was dir nicht gefällt, fallen lassen. Und alles, was dir gefällt, kannst du annehmen. Du kannst dem folgen, was du für richtig hältst, und musst dem, was dir unrichtig erscheint, nicht mehr folgen. Denn nun bist du in dir selbst zentriert und verwurzelt.

Türen und Wände

Wer verschlossen ist, bleibt tot. Viele Menschen leben so, als würden sie immer nur durchs Schlüsselloch schauen. Dabei steht uns der ganze Himmel offen. Natürlich kann man auch ein bisschen Himmel durchs Schlüsselloch sehen und manchmal kommt ein Sonnenstrahl vorbei. Manchmal sieht man einen Stern flimmern. Aber man macht sich auf diese Weise das Leben unnötig schwer und ist arm dran – was gar nicht nötig ist.

Komm heraus aus dem Gefängnis! Und du *kannst* herauskommen. Probiere folgendes Experiment aus:

Stelle dich jeden Abend, bevor du zu Bett gehst, in die Mitte deines Zimmers und schau die Wand an. Konzentriere dich auf die Wand. Schau nicht auf die Tür, sondern auf die Wand. Stell dir vor, du bist die Wand, ohne eine Tür in dir: völlig zu. Niemand kann in dich hereinkommen und du kannst nicht herauskommen. Du bist gefangen. Werde buchstäblich zu einer Mauer – psychologisch gesehen. Lasse deine gesamte Energie zur Mauer werden, zur chinesischen Mauer.

Sei zehn Minuten lang eine Mauer und spanne dich an. Sei so angespannt, wie du nur kannst. Mache jede Öffnung zu und verschließe dich total. Werde zu einer »Monade«, wie Leibnitz das nennt, zu einem fensterlosen Atom, völlig in dir selbst verschlossen. Du wirst anfangen zu schwitzen, zu zittern; du wirst Beklemmungen bekommen. Du wirst dich fühlen, als ob du stirbst, als ob du im Grab liegst. Sei unbesorgt; gehe hinein. Treibe es auf den Gipfel – die Spannung, die Kontraktion, das Zusammenschrumpfen.

Dann drehe dich um und schau die Tür an – diese sollte offen sein –, und werde zur Tür. Stelle dir vor, du wirst zur Tür, du bist keine Wand mehr. Alle können in dich hineinkommen, sogar ohne anzuklopfen. Und sie können auch wieder hinausgehen; da ist kein Hindernis. Entspanne dich. Entspanne den ganzen Körper und dein ganzes Fühlen. Dehne dich aus. Bleibe dort stehen, wo du bist, aber werde größer. Stelle dir vor, du füllst den ganzen Raum aus. Fühle, dass deine Energie wie ein Strom aus der Tür hinaus in den Garten oder auf die Straße fließt. Lass sie hinausgehen und spüre, wie die äußere Welt in dich hineinkommt.

Sei zehn Minuten lang die Mauer und zwanzig Minuten lang die Tür. Dann lege dich schlafen. Diese Übung sollte man mindestens drei Monate lang fortsetzen. Nach der dritten Woche wirst du dich schon viel offener fühlen. Mache trotzdem damit weiter.

Ich gebe dir sowohl die Mauer als auch die Tür, damit du den Kontrast besser spüren kannst.

So wirst du deine eigene Energie besser verstehen können, die manchmal wie eine Mauer und manchmal wie eine Tür ist, und dadurch wird dir eine sehr schöne Dimension bewusst. Denn dann kannst du die Energie der anderen spüren. Du gehst an einem Mann auf der Straße vorbei und kannst spüren, ob dieser eine Mauer oder eine Tür ist. Du hast nun ein inneres Verständnis dafür. Wenn es jemand ist, mit dem du Kontakt aufnehmen möchtest, tue es nicht, wenn du merkst, dass er eine Mauer ist, denn dann wird nichts daraus. Nimm nur dann Verbindung auf, wenn du spürst, dass er eine Tür ist.

In Beziehungen vermag man dadurch so viel tiefere

Erfahrungen zu machen, als man sich jemals vorstellen konnte. Gehe auf Menschen zu, die eine Tür sind. Gehe auf dein Kind zu, wenn es eine Tür ist, denn dann wird es auf dich hören, dann ist es bereit aufzunehmen, was du sagst. Ansonsten kannst du es anschreien und es wird taub dafür sein. Es ist eine Wand. Rede mit deiner oder deinem Geliebten, wenn sie oder er eine Tür ist. Liebt euch nur dann, wenn ihr eine Tür seid. Wenn dein Partner eine Wand ist, lass ihn lieber in Ruhe.

Hast du dies einmal als dein inneres Gefühl erkannt, kannst du es überall fühlen.

VERSCHMELZT MITEINANDER

Dies ist eine Meditation für Partner: Sitzt am Abend einander gegenüber und haltet euch über Kreuz an den Händen. Schaut euch zehn Minuten lang in die Augen, und wenn die Körper anfangen sich zu bewegen, sich zu wiegen, dann lasst es zu. Ihr könnt zwinkern, aber schaut euch weiter in die Augen. Wenn die Körper sich zu wiegen beginnen, und das wird so sein, dann lasst es zu. Lasst eure Hände nicht los, egal, was passiert. Vergesst das nicht.

Nach zehn Minuten schließt beide die Augen und lasst das Wiegen noch zehn Minuten weitergehen. Dann steht auf, haltet euch weiter an den Händen und wiegt zusammen noch einmal zehn Minuten lang. Diese Übung wird eure Energie verschmelzen lassen. Also: Schaut euch zehn Minuten im Sitzen so tief wie möglich in die Augen und wiegt euch dabei, dann bleibt zehn Minuten mit geschlossenen Augen sitzen und wiegt. Spürt, wie ihr von der Energie in Besitz genommen werdet. Dann steht auf und wiegt mit offenen Augen. Es ist fast wie Tanzen, aber haltet euch dabei die ganze Zeit an den Händen.

Macht diese Übung zehn Tage lang jeden Abend eine halbe Stunde, und wenn ihr euch damit wohl fühlt, könnt ihr sie auch morgens wiederholen. Macht sie aber nicht öfter als zweimal.

Der andere ist das Meer

Wenn du am Meer bist, siehst du Millionen von Wellen. Man sieht nie das Meer. Man sieht immer nur die Wellen, weil sie an der Oberfläche sind. Doch jede Welle ist nichts anderes als die Bewegung des Meers; das Meer wellt sich mit allen Wellen. Erinnere dich an das Meer und vergiss die Wellen, denn die Wellen existieren nicht wirklich. Nur das Meer existiert.

Wann immer du Zeit findest, setze dich mit einem Freund, mit deiner oder deinem Geliebten, mit deiner Frau oder deinem Mann oder sonst jemandem zusammen – auch ein Fremder kann es sein.

Sitzt euch gegenüber und schaut euch in die Augen, ohne zu denken. Versucht tief in die Augen des anderen einzudringen, ohne nachzudenken. Schaut euch immer tiefer und tiefer in die Augen. Bald werdet ihr merken, dass ihr über die Wellen hinweg seid und dass ihr im offenen Meer seid.

Schaut euch tief in die Augen, denn Augen sind einfach Türen. Und wenn ihr nicht denkt und nur in die Augen schaut, dann verschwinden die Wellen und das Meer offenbart sich.

Mache diese Übung zuerst mit anderen Menschen, denn du bist ihrer Wellenlänge am nächsten. Dann probiere es mit Tieren; sie sind schon ein wenig weiter entfernt. Dann gehe zu Bäumen – noch weiter entferntere Wellen – und dann zu den Steinen.

Wenn du jemandem tief in die Augen schauen kannst, dann spürst du, dass derjenige verschwunden ist. Die Person ist nicht mehr da. Ein ozeanisches Gefühl ist dahinter verborgen, und diese Person war einfach eine Welle, die aus der Tiefe kam; eine Welle, die aus dem Unbekannten, aus dem Verborgenen emporstieg.

Probiert es aus. Es wird eine wertvolle Erfahrung sein. Wo immer ihr Unterschiede spürt, wisst ihr, dass ihr noch an der Oberfläche seid. Alle Unterschiede sind an der Oberfläche; das Wort »viele« gehört zur Oberfläche.

Schaut tief hinunter und lasst euch von der Oberfläche nicht täuschen. Bald werdet ihr merken, dass der Ozean überall ist. Dann werdet ihr sehen, dass auch ihr nur Wellen seid. Das Ego ist nichts anderes als eine Welle. Dahinter ist das Namenlose, das Eine verborgen.

Wie man blockierte sexuelle Energie freisetzt

Stelle dich jeden Morgen nach dem Aufwachen in die Mitte des Raums und fange an, deinen ganzen Körper zu schütteln. Schüttle dich wie wild! Schüttle den ganzen Körper, angefangen von den Zehen bis hinauf zum Kopf, und fühle, dass es wie ein Orgasmus ist, als würdest du einen Orgasmus bekommen.

Genieße das Gefühl und unterstütze es. Wenn du dich danach fühlst, mache Geräusche dazu. Genieße es zehn Minuten lang.

Dann reibe deinen ganzen Körper mit einem trockenen Handtuch ab und geh danach duschen.

Diese Übung kann man jeden Morgen machen.

Wartet auf den Moment

Bevor ihr Sex habt, setzt euch 15 Minuten lang still zusammen hin und haltet eure Hände überkreuzt. Sitzt im Dunkeln oder bei abgedämpftem Licht und spürt euch gegenseitig. Stimmt euch aufeinander ein. Das geschieht am ehesten, wenn ihr gemeinsam atmet. Wenn der eine ausatmet, atmet der andere auch aus. Wenn der eine einatmet, atmet der andere auch ein. Nach zwei bis drei Minuten kommt ihr hinein. Atmet, als ob ihr ein Organismus wärt, nicht zwei Körper, sondern einer. Und schaut euch dabei in die Augen – nicht mit durchdringendem Blick, sondern ganz sanft.

Nehmt euch Zeit, einander zu genießen. Spielt mit euren Körpern. Wartet mit dem Sex, bis der Moment von selbst kommt. Nicht ihr macht den Liebesakt, sondern ihr findet euch plötzlich in der sexuellen Umarmung wieder. Wartet darauf. Wenn es nicht von selbst kommt, braucht man es nicht erzwingen. Es ist gut so. Geht schlafen; Sex muss nicht sein. Wartet auf den Moment – vielleicht in einem, in zwei oder drei Tagen. Eines Tages wird der Moment kommen. Und wenn er kommt, dann kann die Liebe sehr tief gehen. Es wird ein sehr stilles und sehr ozeanisches Gefühl sein. Aber wartet auf diesen Moment – man kann ihn nicht erzwingen.

Wenn ihr euch liebt, sollte es wie eine Meditation sein. Die Liebe muss gepflegt und sehr langsam ausgekostet werden, sodass euer Wesen zutiefst davon durchdrungen wird und ihr euch so sehr davon überwältigen lasst, dass ihr nicht mehr da seid. Dann macht ihr nicht den Liebesakt, sondern ihr seid Liebe. Liebe wird zu einer größeren Kraft, die euch umgibt. Sie geht weit über euch hinaus. Ihr seid beide darin verschwunden. Doch darauf muss man warten.

Wartet auf den Moment und ihr werdet bald die Kunst der Liebe beherrschen. Lasst zu, dass sich sexuelle Energie ansammelt, und dann lasst es von selbst geschehen. Im Laufe der Zeit werdet ihr spüren, wann der Moment kommt. Bald werdet ihr die Symptome erkennen, den Auftakt, und dann wird es nicht schwierig sein.

Wild und wach

Lebe deine Sexualität, aber bleibe dabei Zeuge. Werde wild, aber nicht unbewusst. Dann ist es nicht gefährlich, wild zu sein; dann ist es herrlich, wild zu sein. Eigentlich kann nur ein wilder Mensch wirklich schön sein.

Eine Frau, die nicht wild ist, kann nicht schön sein. Je wilder sie ist, desto lebendiger ist sie. Man ist wie ein Tiger in der Wildnis oder wie ein Reh, das im Wald rennt. Welche Schönheit! Es geht jedoch darum, dabei nicht unbewusst zu werden.

Die ganze Methode, der ganze Prozess, in dem man zum bewussten Zeugen wird, ist auch der Prozess, bei dem sexuelle Energie transformiert wird: Man lebt seine Sexualität und bleibt dabei wach. Was immer geschieht – schau dir selbst zu und durchschaue es. Verpasse keinen einzigen Moment. Beobachte, was in deinem Körper, in deinem Kopf und mit deiner inneren Energie geschieht, wie ein neuer Kreislauf entsteht. Die Körperelektrizität schaltet um und läuft in einem neuen Schaltkreis; sie hat sich mit der Körperelektrizität deines Partners vereint. Nun entsteht ein innerer Kreislauf. Wenn du wach bist, kannst du ihn spüren. Du spürst, dass du zum Vehikel für Lebensenergie geworden bist, die durch dich fließt.

Bleibe aufmerksam. Bald wird dir bewusst, dass deine Gedanken immer weniger werden, je stärker sich dieser Kreislauf aufbaut. Sie fallen wie Herbstblätter vom Baum. Die Gedanken fallen ab und dein Geist wird weiter entleert.

Bleibe bewusst. Bald wirst du sehen: Du bist, doch das Ego ist nicht da. Du kannst nicht »Ich« sagen. Es ist etwas geschehen, das größer ist als du. Du hast dich mit deinem Partner in dieser größeren Energie aufgelöst.

Diese Verschmelzung sollte nicht unbewusst stattfinden; sonst verpasst man das Beste. Dann ist es guter Sex, aber keine Transformation. Es ist schön und nichts ist falsch daran, aber es ist keine Transformation. Außerdem verfällt man beim unbewussten Sex sehr bald in einen bestimmten Trott. Immer wieder willst du diese Erfahrung machen. Und die Erfahrung ist auf ihre Weise schön, doch sie wird zur Routine. Und jedes Mal, wenn du sie gemacht hast, kommt der Wunsch nach mehr. Je mehr du davon hast, desto mehr willst du davon haben. Es ist ein Teufelskreis. Du wächst nicht weiter, du drehst dich nur im Kreis.

Wenn du wach und aufmerksam bleibst, wirst du erstens Veränderungen der Energie im Körper wahrnehmen, zweitens, dass die Gedanken aus dem Kopf weg bleiben, und drittens, wie sich das Ego im Herzen auflöst.

Diese drei Dinge muss man aufmerksam beobachten und wenn die dritte Stufe geschieht, hat sich die sexuelle Energie in meditative Energie verwandelt. Jetzt bist du nicht mehr im Sex. Du magst mit deiner oder deinem Geliebten zusammen liegen, eure Körper sind vereint, aber ihr seid nicht mehr da. Ihr seid in eine andere Welt befördert worden.

Geniesst die Zeiten der Trennung

Liebe ist eine Beziehung zwischen dir und einem anderen. Meditation ist eine Beziehung zwischen dir und dir. Liebe geht nach außen, Meditation geht nach innen.

Liebe ist Teilen. Aber wie kannst du teilen, was du selbst gar nicht hast? Was willst du teilen? Meditation kann dir etwas geben, was man mit anderen teilen kann. Meditation gibt dir die Qualität, die Energie, die zur Liebe werden kann, wenn man sich auf jemanden bezieht.

Meditation ist nichts anderes als die Kunst, sich auf sich selbst zu beziehen. Wenn du dich nicht auf dich selbst beziehen kannst, wie kannst du erwarten, in der Lage zu sein, dich auf jemand anderen zu beziehen? Deshalb ist die erste Liebe immer die Liebe zu sich selbst. Dann erst ist die zweite Liebe möglich. Die meisten Menschen stürzen sich sofort auf die zweite Liebe, ohne eine Ahnung von der ersten zu haben.

Wenn du deinen Geliebten, deine Geliebte vermisst, denke an ihn, an sie. Schreibe ihm oder ihr schöne Liebesbriefe – es ist egal, ob sie wahr sind oder unwahr! Schreibe Gedichte. Widme jeden Abend eine Stunde deinem oder deiner Geliebten. Schalte von zehn bis elf Uhr das Licht aus, sitze auf deinem Bett und denke an ihn oder sie.

Berühre den Körper des anderen in deiner Vorstellung, küsse und umarme ihn, werde verrückt nach ihm. Der andere wird niemals so schön sein wie in deiner Fantasie! Wirkliche Menschen sind nie so schön – oder nur sehr selten. Früher oder später fangen sie zu stinken an! Aber Fantasien sind einfach wundervoll!

Seid verschwenderisch in der Liebe

Wenn sich die Energie nach oben bewegt, wird sexuelle Energie transformiert und ändert ihre Eigenschaften. Dann hat man immer weniger das Bedürfnis nach Sex. Dafür wird das Bedürfnis zu lieben immer größer. Energie, die sich nach unten bewegt, wird zu Sex. Aufsteigende Energie wird zu Liebe.

Warte jedoch nicht darauf. Gib den Menschen immer mehr Liebe. Werde verschwenderisch mit Liebe. Gehe nicht nur mit Freunden liebevoll um, sondern auch mit fremden Menschen. Selbst mit Bäumen und Steinen sei liebevoll.

Wenn du auf einem Felsen sitzt und ihn mit tiefer Liebe berührst – so wie du deinen Geliebten oder deine Geliebte berührst, wird der Felsen antworten. Du kannst es fast unmittelbar spüren, dass der Felsen etwas erwidert hat. Der Felsen ist nicht mehr nur ein Felsblock. Berühre einen Baum mit ganz viel Liebe und plötzlich merkst du, dass es nicht nur einseitig ist. Nicht nur du liebst den Baum. Der Baum erwidert die Liebe, es entsteht eine Resonanz.

Sei also liebevoll mit allem, was du tust. Beim Essen iss liebevoll; kaue jeden Bissen mit Liebe. Beim Duschen empfange das Wasser, das auf dich fällt, mit Liebe, Dankbarkeit und voller Respekt. Denn das Göttliche ist überall und alles ist heilig. Wenn du spüren kannst, dass alles heilig ist, wirst du keinen Durst mehr nach Liebe haben, weil sie von allen Seiten erfüllt wird.

Zum ersten Mal – zum letzten Mal

Wenn du mit jemandem zusammen bist, vergiss nie, dass es das letzte Mal sein kann. Verschwende keine Zeit mit Trivialitäten. Gib dich nicht ab mit kleinlichen Problemen und fange keine Streitereien an, die unwichtig sind. Wenn der Tod kommt, ist alles andere unwichtig. Jemand tut oder sagt etwas, das dich wütend macht? Denke an den Tod. Stell dir vor, dass dieser Mensch stirbt oder dass du stirbst – was spielt es dann noch für eine Rolle, was er gesagt hat? Und vielleicht hat er es nicht einmal so gemeint. Du hast es nur so interpretiert. Von hundert Fällen sind 99 Missverständnisse.

Und vergiss auch nicht: Wenn du mit jemandem zusammen bist, ist der andere niemals derjenige, der er vorher war, weil sich alles ständig verändert. Du kannst nicht zweimal in denselben Fluss eintauchen, und du kannst auch nicht zweimal derselben Person begegnen. Du gehst deine Eltern besuchen, deine Brüder, Schwestern und Freunde, doch sie alle haben sich bestimmt verändert. Nichts bleibt, wie es ist. Du hast dich geändert, du wirst nicht derselbe sein und du wirst nie dieselben Leute vorfinden.

Wenn man sich an diese beiden Dinge immer erinnert, kann Liebe fließen.

Begegne einem anderen immer so, als würdest du ihn zum ersten Mal treffen.

Und begegne ihm auch immer so, als würdest du ihn zum letzten Mal treffen.

Denn so ist es tatsächlich!

Dann kann dieser winzige Moment der Begegnung zur großen Erfüllung werden.

Lasst die Sau raus

Liebe ist immer am Anfang so schön, weil ihr eure destruktive Energie noch nicht einbringt. Am Anfang bringt ihr eure positive Energie ein. Beide Partner vereinigen ihre positiven Energien und die Sache läuft einfach fantastisch!

Aber dann werden im Laufe der Zeit allmählich die negativen Energien zum Überlaufen kommen. Ihr könnt sie nicht auf ewig zurückhalten. Und mit der positiven Energie bist du schnell am Ende: Sie ist ziemlich knapp, und die negative ist riesig! Das Positive ist nur sehr klein. Nach ein paar Tagen schon können die Flitterwochen vorbei sein und dann kommt das Negative. Dann öffnen sich die Tore der Hölle und man kann nicht begreifen, was passiert ist. So eine wunderschöne Beziehung! Und jetzt soll alles in die Brüche gehen?

Wenn man von Anfang an aufmerksam ist, kann sie gerettet werden. Gib deine positive Energie im Überfluss, aber denke daran, dass früher oder später das Negative hineinkommen wird. Wenn das Negative kommt, muss man es zunächst mit sich allein ausmachen.

Geh in ein Zimmer und lasse deine negative Energie heraus. Es ist unnötig, sie am anderen abzureagieren.

Wenn du wütend bist und schreien und brüllen willst, gehe dafür allein in ein Zimmer und schlage auf ein Kissen ein. Niemand sollte so gewalttätig sein, dass er eine andere Person mit Dingen bewirft. Niemand hat dir etwas angetan, warum solltest du also irgendjemanden bewerfen? Es ist besser, alles Negative in den Mülleimer zu schmeißen.

Wenn du bewusst bleibst und aufpasst, wirst du zu deiner Verwunderung feststellen, dass man es auch so loswird. Und ist das Negative mal draußen, kann das Positive wieder im Überfluss kommen.

Man kann das Negative auch gemeinsam herauslassen, aber das ist nur bei einer langen Beziehung möglich, die schon gefestigt ist. Selbst dann sollte man es nur als therapeutisches Mittel benutzen. Wenn die beiden Partner in einer Beziehung sehr bewusst und sehr positiv miteinander geworden sind, wenn sie als ein Sein konsolidiert sind, sind sie in der Lage es auszuhalten – und nicht nur auszuhalten, sondern die Negativität des anderen auch zu nutzen. Sie müssen die Vereinbarung treffen, dass sie nun auch zusammen negativ sein werden, und zwar als therapeutisches Mittel.

Auch dann schlage ich vor, dass ihr sehr bewusst damit umgehen solltet, nicht unbewusst. Lasst es vorsätzlich geschehen. Beschließt zum Beispiel, dass ihr jeden Abend eine Stunde lang negativ miteinander umgeht. Lasst es ein Spiel sein, anstatt es irgendwo und irgendwann passieren zu lassen. Man ist nicht immer bewusst. Niemand ist 24 Stunden lang aufmerksam, aber eine Stunde lang könnt ihr euch zusammensetzen und negativ sein. Dann wird es ein Spiel sein, eine therapeutische Übung. Nach einer Stunde seid ihr damit fertig und tragt nichts mehr mit euch herum. Ihr bringt es nicht in die Beziehung.

Der erste Schritt: Das Negative sollte nur allein herausgelassen werden.

Der zweite Schritt: Das Negative sollte nur zu einer bestimmten Zeit herausgelassen werden mit der Vereinbarung, dass ihr beide nun »die Sau rauslasst«. Erst in der dritten Phase sollte man dann ganz natürlich damit umgehen. Dann braucht man keine Angst mehr davor zu haben. Dann könnt ihr negativ oder positiv sein und beides ist schön. Aber das ist erst die dritte Phase.

Wenn du in der ersten Phase merkst, dass du nicht mehr wütend bist ... Du sitzt vor einem Kissen und es kommt keine Wut. Monatelang ist sie gekommen, aber eines Tages stellst du fest, dass sie nicht mehr fließt. Es ist sinnlos geworden; du kannst nicht mehr allein wütend sein. Dann ist die erste Phase vorbei. Warte jedoch, bis auch für deinen Partner die erste Phase vorbei ist. Wenn es für euch beide vorbei ist, dann beginnt die zweite Phase. Dann werdet eine oder zwei Stunden lang absichtlich negativ – ob morgens oder abends, könnt ihr entscheidcn. Es ist cin Psychodrama; cs ist ganz unpcrsönlich.

Seid nicht zu hart zueinander – ihr schlagt, aber ihr schlagt nicht den anderen. Eigentlich schleudert ihr nur eure Negativität hinaus. Beschuldigt euch nicht gegenseitig. Sagt nicht: »Du bist schlecht«, sondern: »Ich habe das Gefühl, dass du schlecht bist.« Ihr sagt nicht: »Du hast mich verletzt«, sondern: »Ich fühle mich verletzt.« Das ist etwas ganz anderes. Es ist ein vorsätzliches Spiel: »Ich fühle mich verletzt, also werde ich meine Wut herauslassen. Du bist mir am nächsten, deshalb möchte ich dich bitte als Vorwand benutzen ...« Und der andere tut dasselbe.

Wieder wird ein Moment kommen, wo ihr feststellt, dass diese vorsätzliche Negativität nicht mehr funktioniert. Ihr sitzt eine Stunde da und nichts fällt dir ein, nichts fällt deinem Partner ein. Dann ist auch die zweite

Phase vorbei. Nun kommt die dritte Phase. Und die dritte Phase ist das ganze Leben. Nun bist du bereit, negativ und positiv zu sein. Du kannst spontan sein.

So wird Liebe zu einer echten Ehe.

Von der Einsamkeit zum Alleinsein

Die meisten Menschen glauben, dass sie traurig sein müssen, wenn sie einsam sind. Dies ist eigentlich nur eine falsche Gedankenverbindung, eine falsche Interpretation, denn die wirklichen schönen Dinge geschehen immer in der Einsamkeit. In einer Menschenmenge geschieht nie etwas. Jenseitige Erfahrungen geschehen nur, wenn man völlig abgeschieden und einsam ist.

Doch das extrovertierte Denken hat sich überall verbreitet und uns das Programm eingeprägt, dass es einem schlecht gehen muss, wenn man einsam ist. Man ist ständig unterwegs, um Leute zu treffen, denn alles Glück findet man nur bei anderen Menschen.

Das ist nicht wahr. Das Glück, das man im Zusammensein mit anderen findet, ist nur sehr oberflächlich, während das Glück, das man im Alleinsein erfährt, ungeheuer tief geht. Freue dich also am Alleinsein.

Schon das Wort »einsam« macht einen in gewisser Weise traurig. Nenne es nicht »Einsamkeit«, sondern sage dazu »Alleinsein«. Nenne es »Abgeschiedenheit« anstatt »Isolation«. Falsche Namen können Schwierigkeiten verursachen. Nenne es einen meditativen Zustand, denn das ist es. Und wenn es geschieht, genieße es!

Singe oder tanze ein wenig oder sitze still vor einer Wand und warte, ob etwas geschieht. Mache das Alleinsein zu einer Zeit des Wartens, und schon bald wirst du eine ganz andere Qualität erfahren.

Es ist überhaupt nicht traurig. Hast du einmal von der Tiefe des Alleinseins gekostet, kommen dir alle Beziehungen oberflächlich vor. Selbst die Liebe kann niemals so tief gehen wie das Alleinsein, denn auch in der Liebe ist der andere da, und durch die Gegenwart des anderen bleibst du eher an der Oberfläche, näher an der Peripherie. Wenn keiner da ist – nicht einmal der Gedanke an irgendjemanden –, sinkst du tiefer und versinkst schließlich in dir selbst.

Du brauchst keine Angst davor zu haben. Zu Beginn kommt einem dieses Versinken wie der Tod vor und du bist von einer düsteren Stimmung umgeben. Du wirst von Traurigkeit eingehüllt, weil du bisher Glück nur mit anderen und in Beziehungen erlebt hast. Warte ein bisschen ab. Lass dich tiefer sinken, und irgendwann wirst du merken, dass Stille emporsteigt, eine Stille, die etwas Tänzerisches hat – eine innere bewegungslose Bewegung. Nichts bewegt sich und doch läuft alles in rasender Geschwindigkeit ab. Du bist leer und doch voll. Paradoxe Gegensätze treffen sich und lösen sich auf.

Sitze still und entspannt da, doch aufmerksam, denn du wartest auf etwas, das von oben kommt. Wenn du sitzt, schau dabei eine Wand an. Eine Wand ist etwas Schönes. Nichts kann sich bewegen. Wo immer du hinschaust – die Wand ist da. Die Aufmerksamkeit muss nirgendwo hingehen. Nicht einmal ein Bild sollte dort sein, nur die leere Wand. Wenn es nichts zu sehen gibt, wird dein Interesse am Sehen allmählich nachlassen. Indem du eine leere Wand betrachtest, entsteht parallel in deinem Inneren eine Leere und Schlichtheit. Parallel zur Wand entsteht eine andere Wand – die des Nicht-Denkens.

Bleibe offen und erfreue dich daran. Du kannst lächeln und manchmal eine Melodie summen oder dich hin und her wiegen. Du kannst auch manchmal aufstehen und tanzen, aber schau dabei weiter die Wand an. Lass sie das Objekt deiner Meditation sein.

Man muss mit seiner Einsamkeit irgendwann einmal zu Rande kommen. Hast du dich ihr einmal gestellt, bekommt die Einsamkeit eine andere Farbe, eine andere Qualität. Sie schmeckt völlig anders. Dann ist es nicht Isolation, sondern Abgeschiedenheit. Isolation hat etwas Tristes. Abgeschiedenheit ist ein weiter Raum der Glückseligkeit.

8: Die Verbindung von Körper und Geist

Wie man gesund und ganzheitlich lebt

Mulla Nasruddin musste vor Gericht als Zeuge aussagen. Dabei bemerkte er, dass der Gerichtsschreiber seine Aussage mitschrieb. Er begann immer schneller und schneller zu reden. Der Schreiber wurde immer hektischer, um mithalten zu können. Plötzlich sagte Mulla: »Um Gottes willen, mein Herr! Schreiben Sie nicht so schnell! Ich komme nicht mehr mit!«

Ich halte mich überhaupt nicht an die Uhr. Aber ich habe gelernt, meinen Körper zu verstehen. Ich habe gelernt, seine Bedürfnisse zu spüren. Ich habe viel gelernt, indem ich auf ihn gehört habe. Und wenn auch ihr eurem Körper aufmerksam zuhört, werdet ihr eine Disziplin entwickeln, die eigentlich gar keine ist.

Ich habe es mir nicht aufgezwungen. Ich habe in meinem Leben alles Mögliche ausprobiert. Ich habe ständig experimentiert, um zu spüren, was für meinen Körper genau richtig ist. Es gab eine Zeit, in der ich jeden Morgen sehr früh aufstand, zuerst um drei Uhr, dann um vier Uhr, dann um fünf Uhr: Jetzt stehe ich seit Jahren um sechs Uhr morgens auf. Im Laufe der Jahre habe ich beobachtet, was für meinen Körper stimmt. Dafür muss man sehr sensibel sein.

Heute sagen Physiologen, dass bei allen Menschen nachts während des Schlafens zwei Stunden lang die Körpertemperatur sinkt. Sie fällt um etwa zwei Grad. Das kann zwischen drei und fünf Uhr sein, zwischen zwei und vier oder zwischen vier und sechs, aber bei allen Menschen fällt die Körpertemperatur in der Nacht um zwei Grad. Und in diesen zwei Stunden schläft man am tiefsten. Wenn man in diesen zwei Stunden aufsteht, fühlt man sich den ganzen Tag desorientiert. Ob man sechs oder sieben Stunden geschlafen hat, macht keinen Unterschied. Wenn man aber in den zwei Stunden aufsteht, in denen die Körpertemperatur tiefer ist, ist man den ganzen Tag müde. Man ist schläfrig und gähnt die ganze Zeit. Man hat das Gefühl, dass einem etwas fehlt. Man fühlt sich eher reizbar und körperlich unwohl.

Steht man direkt nach diesen zwei Stunden auf, genau wenn diese zwei Stunden vorbei sind, ist es der richtige Moment. Dann fühlt man sich frisch und ausgeschlafen. Selbst wenn man nur zwei Stunden schläft, ist es ausreichend. Man braucht keine sechs, sieben oder acht Stunden. Wenn man nur diese zwei Stunden schläft, in denen die Körpertemperatur niedriger ist, fühlt man sich pudelwohl. Man hat das Gefühl, beschenkt zu sein, ein Gefühl von Ruhe, Gesundheit, Ganzheit und Wohlbefinden.

Nun muss jeder sehen, wann bei ihm diese zwei Stunden sind. Folge keiner Disziplin von außen, denn diese Disziplin war vielleicht für die Person gut, die sie geschaffen hat. Irgendein Yogi steht um drei Uhr morgens auf, was für ihn vielleicht genau richtig ist, aber dann stehen alle seine Anhänger auch um drei Uhr auf und fühlen sich den ganzen Tag lasch. Und dann glauben sie, sie seien nicht in der Lage, eine so einfache Disziplin einzuhalten und haben Schuldgefühle. Sie bemühen sich, aber sie schaffen es nicht. Und dann glauben sie, ihr Meister sei ganz außergewöhnlich, ein großer Mann. Er ist nie schläfrig. Dabei ist dieser Rhythmus einfach nur auf ihn zugeschnitten.

Du musst für deinen eigenen Körper den Weg finden, der zu ihm passt, und der stimmt dann nur für dich. Hast du ihn einmal gefunden, kannst du ihn einfach zulassen. Er muss nicht erzwungen werden, weil er mit deinem Körper im Einklang ist, also zwingst du dich nicht dazu und brauchst dich nicht abmühen. Beobachte beim Essen, was dir gut tut. Viele Leute essen ständig alles Mögliche und kriegen dann Beschwerden. Dann wird auch ihre Einstellung davon beeinflusst. Folge niemals der Disziplin von anderen, denn niemand ist wie du. Deshalb kann dir keiner sagen, was für dich richtig ist. Deshalb empfehle ich nur eine Disziplin: sich seiner selbst bewusst zu werden und frei zu sein. Höre auf deinen eigenen Körper. Der Körper besitzt große Weisheit. Wenn du auf ihn hörst, liegst du immer richtig. Wenn du nicht auf ihn hörst und ihm Dinge aufzwingst, wirst du nie glücklich. Du machst dich nur unglücklich und krank, fühlst dich unwohl und immer gestört, abgelenkt und desorientiert.

Ich habe sehr lange experimentiert. Ich habe fast alles, was es gibt, ausprobiert und dann ganz allmählich aussortiert, was für mich nicht gestimmt hat. Jetzt esse ich nur das, was mir passt. Meine Köchin hat Schwierigkeiten, weil sie jeden Tag fast genau dasselbe kochen muss. Sie kann sich nicht vorstellen, wie ich ständig dasselbe essen kann und es mir auch noch schmeckt! Es zu essen kann ja noch angehen, aber dass es auch noch schmeckt?

Wenn es stimmt, kann man immer wieder dasselbe Essen genießen. Es ist keine Wiederholung. Wenn es nicht stimmt, bekommt man Schwierigkeiten.

Folgendes trug sich zu:

An einem Donnerstagabend kam Mulla Nasruddin zum Essen nach Hause. Seine Frau servierte ihm gebackene Bohnen: Er warf den Teller an die Wand und schrie: »Ich hasse gebackene Bohnen!«

»Ich werde nicht schlau aus dir, Mulla«, sagte seine Frau. »Am Montagabend mochtest du gebackene Bohnen, am Dienstagabend mochtest du gebackene Bohnen, am Mittwochabend mochtest du gebackene Bohnen, und jetzt am Donnerstag sagst du plötzlich, dass du sie hasst. Du bist nicht konsequent!«

Normalerweise kann man nicht jeden Tag dasselbe essen. Aber es liegt nicht daran, dass es dasselbe ist, sondern daran, dass es dir nicht entspricht. Einen Tag lang kannst du es ertragen, aber am nächsten Tag reicht es dir. Und wie kannst du es jeden Tag ertragen? Wenn es dir entsprechen würde, wäre es kein Problem. Du könntest dein ganzes Leben lang davon leben und es jeden Tag genießen, weil es so harmonisch für dich ist. Es stimmt einfach für dich, steht mit dir im Einklang.

Du atmest ständig – immer dasselbe. Du badest immer wieder – immer dasselbe. Du schläfst jede Nacht – immer dasselbe. Aber es entspricht dir, deshalb ist alles in Ordnung. Es ist keine Wiederholung für dich.

Wiederholung ist unsere normale Lebensweise. Wenn du in perfekter Harmonie mit der Natur lebst, dann kümmerst du dich nicht um gestern, denn es ist längst vorbei; du hast es nicht mehr im Kopf. Du vergleichst nicht gestern mit heute und projizierst nichts auf morgen. Du lebst einfach hier und jetzt. Du genießt diesen Moment.

Den Moment zu genießen hat nichts damit zu tun, ob etwas neu ist. Den Moment zu genießen hat allerdings etwas mit Harmonie zu tun. Du kannst jeden Tag etwas Neues tun oder haben, aber wenn es dir nicht entspricht, wirst du immer von hier nach dort rennen und niemals Ruhe finden.

Was ich tue, habe ich mir nicht aufgezwungen, sondern es ist spontan. So sind mir allmählich die Bedürfnisse meines Körpers bewusst geworden. Ich höre immer auf meinen Körper und würde ihm niemals meine Gedanken aufzwingen. Versuche es einmal, und dein Leben wird glücklicher und erfüllter sein.

Nimm Kontakt mit dem Körper auf, wenn er gesund ist

Um Kontakt mit seinem Körper zu haben, muss man ausgesprochen sensibel sein. Normalerweise spürst du deinen Körper wahrscheinlich gar nicht. Du spürst ihn erst, wenn er krank ist. Du hast Kopfweh; erst dann spürst du den Kopf. Ohne Kopfweh hast du keinen Kontakt mit deinem Kopf. Dein Bein tut dir weh, also wird dir dein Bein bewusst. Du wirst dir erst dann bewusst, wenn etwas nicht in Ordnung ist.

Wenn alles in Ordnung ist, bleibst du völlig unbewusst. Und eigentlich ist das der Moment, wenn man Kontakt aufnehmen sollte: wenn alles in Ordnung ist. Denn wenn etwas nicht in Ordnung ist, nimmt man Verbindung mit der Krankheit auf, mit etwas, das nicht in Ordnung ist, mit dem man sich unwohl fühlt.

Du hast deinen Kopf auch jetzt. Dann kriegst du Kopfweh und du nimmst Kontakt auf. Du hast den Kontakt nicht mit dem Kopf hergestellt, sondern mit dem Kopfweh! Mit dem Kopf kannst du nur dann Kontakt aufnehmen, wenn kein Kopfweh vorhanden ist, wenn nur Wohlbefinden im Kopf ist.

Aber wir haben diese Fähigkeit fast verloren. Wir haben überhaupt keinen Kontakt mehr, wenn es uns gut geht. Also nehmen wir nur in Notfällen Kontakt auf. Das Kopfweh ist da: Eine Reparatur ist nötig, wir brauchen eine Medizin. Es muss etwas unternommen werden, also nimmst du Kontakt auf und tust etwas dagegen.

Versuche, mit deinem Körper Kontakt aufzunehmen, wenn alles gut ist. Lege dich ins Gras, schließe die Augen und nimm wahr, was innerlich geschieht: dieses sprudelnde Wohlbefinden in deinem Körper. Geh an einen Fluss und lege dich ins Wasser. Fühle, wie das Wasser den Körper berührt und jede Zelle gekühlt wird. Spüre, wie die Kühle in eine Zelle nach der anderen eintritt und tief in den Körper eindringt. Der Körper ist ein wahres Phänomen, eines der Wunder der Natur!

Sitze in der Sonne. Lass die Sonnenstrahlen in deinen Körper eindringen. Spüre, wie die Wärme nach innen dringt, wie sie tiefer geht, wie sie deine Blutkörperchen berührt und schließlich deine Knochen erreicht. Die Sonne ist Leben, die Quelle des Lebens. Spüre, mit geschlossenen Augen, was geschieht. Sei wach und aufmerksam, beobachte und genieße!

Allmählich wird dir eine ganz feine Harmonie bewusst, eine wunderbare Musik, die ununterbrochen in deinem Inneren spielt. Dann hast du Kontakt mit dem Körper aufgenommen. Meistens schleppst du jedoch einen toten Körper herum.

Versuche also immer einfühlsamer mit deinem Körper zu werden. Höre auf ihn. Er erzählt dir ständig viele Dinge. Du bist jedoch so sehr auf den Kopf ausgerichtet, dass du dem Körper nie zuhörst. Wenn das, was du denkst, dem widerspricht, was dein Körper sagt, hat eigentlich fast immer der Körper Recht – zumindest viel öfter als dein Kopf. Denn der Körper ist natürlich und der Kopf ist gesellschaftsorientiert.

Der Körper gehört dieser unendlich großen Natur an; der Kopf gehört nur der Gesellschaft an, sogar nur der spezifischen Gesellschaft deines Alters und deiner Zeit. Der Körper hat tiefe Wurzeln in der Existenz; der Kopf schlingert nur an der Oberfläche dahin. Aber du hörst immer nur auf den Kopf, niemals auf den Körper. Auf Grund langer Gewohnheit ist der Kontakt verloren gegangen.

Der ganze Körper vibriert um das Zentrum im Herzen, so wie sich das ganze Sonnensystem um die Sonne herum bewegt. Du bist lebendig geworden, als dein Herz zu schlagen anfing, und du wirst sterben, wenn dein Herz zu schlagen aufhört.

Das Herz ist die Sonne im Zentrum deines Körpers. Nimm es besonders bewusst wahr. Doch bewusst kannst du erst dann werden, wenn du den ganzen Körper aufmerksam wahrnimmst.

Meditation in Bewegung

Lass deine Meditation immer mehr in der Bewegung geschehen. Laufen kann beispielsweise eine schöne Meditation sein, Schwimmen kann eine schöne Meditation sein oder auch Tanzen. In die Bewegung muss Bewusstheit gebracht werden. Bewegung plus Bewusstsein – das ist die Formel. Laufe, aber laufe total bewusst; bleibe dabei wach und aufmerksam.

Es ist natürlich und einfach, in der Bewegung wach und bewusst zu bleiben. Wenn man im Bett liegt, ist es sehr viel schwerer, wach zu bleiben, da die ganze Situation dazu beiträgt, dass man einschläft. Aber in Bewegung kann man natürlich nicht einschlafen. Man muss dabei wach sein. Das einzige Problem besteht darin, dass die Bewegung mechanisch werden kann. Man kann auch einfach mechanisch laufen. Man kann zum Experten werden, zum professionellen Läufer. Dann braucht man nicht mehr wach zu sein. Der Körper läuft weiter wie ein Mechanismus, wie ein Automat. Dann versäumt man das, worum es geht. Werde nie zum Profisportler. Bleibe immer ein Amateur, damit du wach bleibst. Sobald du merkst, dass das Laufen automatisch wird, höre damit auf. Versuche es mit Schwimmen. Wenn auch das automatisch wird, gehe tanzen. Man sollte nie vergessen, dass die Bewegung nur eine Situation ist, um das Bewusstsein zu schulen. Solange dabei Bewusstsein entwickelt wird, ist sie gut. Wenn sie das Bewusstsein nicht mehr entwickelt, dann ist sie nicht mehr sinnvoll. Dann gehe zu einer anderen Bewegungsform über, bei der du wieder aufmerksamer sein musst. Lasse nie zu, dass irgendeine deiner Aktivitäten automatisch wird.

STELL DIR VOR, DU LÄUFST

Wenn du laufen kannst, brauchst du keine andere Meditation. Das ist genug. Jede Handlung, bei der du total sein kannst, wird zur Meditation. Und Laufen ist etwas so Schönes, weil man darin völlig aufgehen kann. Du bist mit allen Elementen verbunden: mit der Sonne, der Luft, der Erde und dem Himmel. Du bist mit der Existenz verbunden. Wenn du läufst, wird deine Atmung auf natürliche Weise sehr tief und beginnt, dein Hara-Zentrum zu massieren, welches das eigentliche Zentrum ist, von dem meditative Energie freigesetzt wird. Es ist ein Stückchen unterhalb des Nabels, etwa zwei Finger breit unter dem Nabel. Wenn der Atem tief geht, massiert er dieses Zentrum und erweckt es zum Leben.

Dein Blut wird dabei gereinigt und nicht mit Gift oder sonstigen Abfallstoffen verschmutzt – es ist rot und lebendig, voller Freude und jeder Blutstropfen in dir tanzt. Dann bist du in der richtigen Stimmung, Meditation gewissermaßen einzufangen. Dann brauchst du nichts dazu zu tun. Sie geschieht von selbst!

Gegen den Wind zu laufen ist die perfekte Situation dafür. Es ist der Tanz der Elemente.

Während du läufst, kannst du nicht denken. Wenn du dabei denkst, läufst du nicht richtig. Wenn du im Laufen total bist, hörst du auf zu denken. Du bist so sehr mit der Erde verbunden, dass dein Kopf nicht mehr funktioniert. Da der Körper so aktiv ist, bleibt keine Energie mehr für die ständige Aktivität des Kopfes übrig. Man hört auf zu denken.

Beim Meditieren wirst du immer wieder auf solche Momente stoßen, die auch beim Laufen kommen; und beim Laufen wirst du immer wieder auf solche Momente stoßen, wie sie in der Meditation kommen. Im Laufe der Zeit werden die beiden Methoden zu einer. Dann wird es nicht mehr nötig sein, sie getrennt zu praktizieren. Du kannst laufen und dabei meditieren; du kannst meditieren und dabei laufen.

Versuche einmal folgende Technik: Lege dich auf dein Bett und stell dir vor, du rennst. Stelle dir die ganze Szene vor: die Bäume und der Wind und die Sonne, der ganze Strand und die salzige Luft. Stell dir alles vor. Visualisiere es in den schönsten Farben.

Erinnere dich an einen Morgen, als es am schönsten für dich war, als du am Strand oder im Wald gerannt bist. Lass dich ganz davon ausfüllen – selbst vom Geruch der Bäume, der Tannen oder vom Geruch am Strand. Lass alles, was dir besonders gefallen hat, da sein, sodass es fast wirklich wird, und dann beginne in deiner Vorstellung zu laufen.

Du wirst feststellen, dass sich deine Atmung verändert. Laufe weiter ... Und so kannst du meilenweit laufen! Du wirst dich wundern: Sogar wenn du im Bett läufst, kannst du diese Momente wieder erleben, in denen plötzlich Meditation da ist.

Wenn du einmal aus irgendeinem Grund nicht laufen kannst – vielleicht bist du krank oder die Umstände lassen es nicht zu, oder die Stadt ist nicht geeignet dafür–, kannst du es so machen und dabei dieselben Momente erleben.

Überrede dich zur Entspannung

Entspannung heißt, dass du dich einfach entspannst, ohne deine Aufmerksamkeit auf etwas zu richten. Sie ist genau das Gegenteil von Konzentration. Ich gebe dir dafür eine Methode, die du am Abend machen kannst.

Kurz bevor du zu Bett gehst, setze dich auf einen Stuhl. Mache es dir bequem; das ist am wichtigsten. Um sich zu entspannen, muss man sich wohl fühlen; also mache es dir bequem. Setze dich so auf den Stuhl, wie du willst; dann schließe die Augen und entspanne deinen Körper. Spüre dich von innen, gehe von den Zehen bis in den Kopf und schau, wo du Anspannung fühlst. Wenn du sie im Knie spürst, dann entspanne das Knie. Berühre das Knie und sage ihm: »Bitte entspanne dich.« Spürst du sie in den Schultern, berühre sie und sage: »Bitte entspannt euch.« Nach einer Woche bist du in der Lage, mit deinem Körper zu kommunizieren. Sobald du mit ihm kommunizieren kannst, wird alles sehr viel leichter.

Seinen Körper muss man zu nichts zwingen, man kann ihn überreden. Man darf nicht gegen ihn ankämpfen. Das ist schrecklich, gewalttätig und aggressiv, und jede Art von Konflikt erzeugt immer mehr Anspannung. Du brauchst also nicht im Konflikt zu sein. Mache es dir vielmehr zur Regel, dass du dich wohl fühlst. Und der Körper ist ein so wunderbares Geschenk der Existenz, dass es geradezu Gotteslästerung ist, ihn zu verleugnen. Er ist ein Heiligtum, das wir bewohnen; er ist ein Tempel. Wir leben darin und müssen uns mit aller Sorgfalt darum kümmern. Das ist unsere Verantwortung.

Also sieben Tage lang ... Am Anfang wird es dir etwas seltsam vorkommen, weil wir nie gelernt haben, mit unserem eigenen Körper zu reden. Dabei kann es wirklich Wunder bewirken. Zunächst also entspanne du dich auf dem Stuhl bei gedämpftem Licht; das Licht sollte nicht zu hell sein. Lasse alle wissen, dass du zwanzig Minuten lang nicht gestört werden willst. Beantworte keine Anrufe – nichts –, als ob in diesen zwanzig Minuten die Welt nicht mehr existierte.

Schließe die Türen und sitze ganz entspannt auf dem Stuhl. Deine Kleidung sollte dich nicht einengen. Spüre, wo du angespannt bist. Du wirst viele Stellen finden, die angespannt sind. Entspanne sie zuerst. Denn solange der Körper nicht entspannt ist, kann der Kopf auch nicht loslassen. Ein entspannter Körper ist die Voraussetzung dafür, dass sich der Kopf entspannen kann. Der Körper wird zum Vehikel für einen entspannten Geist.

Berühre deinen Körper. Wo immer du Spannung spürst, berühre ihn mit viel Liebe und Mitgefühl. Der Körper ist dein Diener, für den du nichts bezahlt hast. Er ist dir geschenkt worden. Er ist ein so ausgeklügelter und komplexer Mechanismus, dass es der Wissenschaft noch nicht gelungen ist, so etwas auch nur annähernd herzustellen.

Aber daran denken wir nie. Wir lieben unseren Körper nicht. Im Gegenteil: Oft sind wir böse auf ihn. Der Körper ist einer der ältesten Sündenböcke. Man kann ihm alles aufbürden. Er ist stumm und kann sich nicht wehren. Er kann nicht antworten und dir sagen, dass du Unrecht hast. Du kannst also sagen, was du willst – der Körper wird nichts dagegen einwenden.

Gehe nun also durch deinen ganzen Körper hindurch und hülle ihn mit tiefem Mitgefühl und fürsorglicher Liebe ein. Nach mindestens fünf Minuten wirst du dich sehr weich und entspannt fühlen, fast schläfrig.

Dann richte dein Bewusstsein auf deinen Atem; entspanne deine Atmung. Der Körper ist der äußerste Teil unseres Seins und das Bewusstsein der innerste Teil. Der Atem ist die Brücke, die beide miteinander verbindet. Nachdem sich der Körper also entspannt hat, schließe die Augen und achte auf deinen Atem. Entspanne auch ihn. Sprich ein bisschen mit deinem Atem: »Bitte entspanne dich. Sei ganz natürlich.« Du wirst sehen: In dem Moment, da du darum bittest, verändert sich etwas.

Normalerweise ist unsere Atmung nicht mehr natürlich. Wir haben vergessen, wie man sie entspannt, weil wir eigentlich ständig angespannt sind, sodass wir es uns schon angewöhnt haben, sogar angespannt zu atmen. Sprich also mit dem Atem und bitte ihn zwei- oder dreimal, sich zu entspannen. Dann sei einfach eine Weile still.

Fühle mehr

Werde immer feinfühliger. Und man kann nicht nur in einer Dimension feinfühlig sein. Entweder ist man in jeder Hinsicht sensibel oder man ist in jeder Hinsicht unsensibel. Sensibilität ist Teil deines ganzen Wesens. Werde also immer feinfühliger, dann wirst du tagtäglich immer mehr spüren können, was vorgeht.

Du gehst zum Beispiel in der Sonne spazieren. Spüre die Sonnenstrahlen auf deinem Gesicht. Nimm wahr, wie sie dich sanft berühren, wie sie dich treffen. Wenn du sie spüren kannst, kannst du auch spüren, wenn das innere Licht auf dich fällt. Andernfalls wirst du es nicht wahrnehmen können.

Wenn du auf einer Wiese liegst, spüre das Gras. Spüre das Grün, das dich umgibt, den Unterschied in der Feuchtigkeit, den Geruch, der aus der Erde kommt. Wenn du das alles nicht spüren kannst, bist du auch nicht in der Lage, innere Vorgänge zu erkennen.

Beginne mit dem Äußeren, denn das ist einfacher. Wenn du das Äußere nicht spüren kannst, kannst du das Innere auch nicht wahrnehmen. Bringe mehr Poesie in dein Leben und sei weniger geschäftsmäßig. Es kostet ja nichts, sensibel zu sein.

Du nimmst zum Beispiel ein Bad: Hast du das Wasser schon einmal wirklich gefühlt? Du machst es nur wie eine geschäftliche Routine und dann bist du schon wieder draußen. Fühle es einfach mal ein paar Minuten lang. Oder fühle unter der Dusche, wie das Wasser über dich fließt. Es kann zu einer tiefen Erfahrung werden, denn Wasser ist Leben. Du bestehst zu fast neunzig Prozent aus

Wasser. Wenn du nicht einmal Wasser auf deinem Körper fühlen kannst, wie sollst du dann die Flutwellen deines inneren Wassers fühlen können?

Das Leben ist im Meer entstanden und in deinem Körper hast du Wasser mit einem bestimmten Salzanteil. Schwimme im Meer und fühle das Wasser um dich herum. Irgendwann erkennst du, dass du ein Teil des Meeres bist und dass dein Inneres zum Meer gehört. Dann kannst du es auch wirklich fühlen. Wenn der Mond scheint und das Meer dem Mond mit hohen Wellen antwortet, werden auch in deinem Körper die Wellen höher schlagen. Aber meistens spürt man es nicht. Wenn man also die groben äußeren Energien nicht spüren kann, wird man die feinen Dinge wie Meditation erst recht nicht wahrnehmen können.

Wie kannst du Liebe spüren? Alle leiden darunter. Ich habe so viele tausende von Menschen gesehen, die heftig leiden, und sie leiden wegen der Liebe. Sie wollen lieben und sie wollen geliebt werden. Aber das Problem ist: Wenn man sie wirklich liebt, können sie es nicht fühlen. Sie fragen ständig: »Liebst du mich?« Was soll man da tun? Wenn man Ja sagt, glauben sie es nicht, weil sie es nicht fühlen können. Wenn man Nein sagt, sind sie verletzt.

Wenn du die Sonnenstrahlen nicht fühlen kannst, wenn du die Regentropfen nicht fühlen kannst, wenn du das Gras nicht fühlen kannst, wenn du alles, was um dich herum ist, die Atmosphäre nicht fühlen kannst, dann kannst du tiefere Dinge wie Liebe und Mitgefühl erst recht nicht fühlen; es wird schwierig sein. Wut, Hass und Trauer kannst du eher spüren, da es gröbere Gefühle sind.

Der Weg nach innen ist sehr subtil. Und je subtiler deine Meditation wird, desto feiner werden auch deine Gefühle. Dazu musst du jedoch bereit sein.

Meditation ist nicht irgendeine Übung, die du eine Stunde lang machst und dann wieder vergisst. Wirklich das ganze Leben muss meditativ werden. Erst dann beginnst du die Dinge wirklich zu spüren. Und wenn ich sage: Das ganze Leben muss meditativ werden, meine ich nicht, du sollst dich 24 Stunden mit geschlossenen Augen hinsetzen und meditieren. Nein! Wo immer du bist, kannst du sensibel sein. Und diese Sensibilität wird sich in der inneren Welt bezahlt machen.

Kannst du weinen? Kannst du spontan lachen? Kannst du spontan tanzen? Kannst du spontan lieben? Wenn nicht, wie kannst du dann meditieren? Kannst du spielerisch sein? Es ist schwer. Alles ist so schwierig geworden, weil der Mensch nicht mehr sensibel ist.

Fühle wieder mehr. Nimm dir wieder das Recht zu fühlen! Spiele damit ein bisschen. Spielerisch zu sein heißt für mich, religiös zu sein. Lache, weine, singe mehr! Tu einmal etwas Spontanes mit deinem ganzen Herzen. Entspanne deinen Körper, deinen Atem und bewege dich so, als wärst du wieder ein Kind.

Lasse deine Gefühle wieder zu – weniger denken und mehr fühlen! Lebe mehr aus deinem Herzen, weniger aus deinem Kopf.

Lebe einmal nur total im Körper; vergiss die Seele! Sei total im Körper, denn wenn du deinen Körper nicht wahrnehmen kannst, wie kannst du dann die Seele wahrnehmen? Vergiss das nicht. Komme zurück in den Körper. Wir hängen meistens sozusagen nur um unseren Körper herum und sind nicht wirklich darin. Jeder hat Angst, im Körper zu sein. Diese Angst hat uns die Gesellschaft eingebläut; sie sitzt sehr tief.

Komm zurück in deinen Körper; gönne ihm Bewegung. Sei wieder mehr wie ein unschuldiges Tier. Schau den Tieren zu, wie sie springen und rennen. Renne und springe ab und zu wie sie herum. Dann spürst du wieder deinen Körper, spürst die Sonnenstrahlen, den Regen und den Wind. Nur mit dieser Fähigkeit, alle Dinge um dich herum wahrzunehmen, entwickelst du auch die Fähigkeit wahrzunehmen, was im Inneren geschieht.

Für Raucher (1)

Daumenlutschen ist besser als Rauchen. Und es wird dadurch leichter, das Rauchen aufzugeben.

Man sollte eines verstehen: Früher hat man am Daumen gelutscht und dann aufgehört; später ist dann das Rauchen zur Ersatzbefriedigung geworden. Das Rauchen an sich ist kein Problem – dagegen kann man nichts machen. So sehr du es auch versuchst, du schaffst es nicht, weil es nämlich überhaupt kein Problem ist. Das Problem war ein anderes. Du hast das Problem gewechselt. Das eigentliche Problem hast du unter den Tisch fallen lassen und stattdessen ein Ersatzproblem daraus gemacht. Und das kannst du nicht ändern.

Ich mache dir einen Vorschlag: Vergiss den ganzen Kampf gegen das Rauchen. Fange an, am Daumen zu lutschen. Und mach dir keine Sorgen: Es ist etwas Schönes, einfach herrlich! Es ist nichts verkehrt daran, weil es völlig harmlos ist. Lutsche also an deinem Daumen und halte es eine Weile durch, dann wird das Rauchen aufhören. Beginnt das Rauchen von selbst zu verschwinden, sind wir auf der richtigen Spur. Wenn du ein paar Monate Daumen lutschst, hört diese jahrelange Gewohnheit des Rauchens ganz auf. Lutsche also sechs bis neun Monate am Daumen. Schäme dich nicht dafür, denn es ist nichts verkehrt daran!

Anstatt zu rauchen beginnst du also an deinem Daumen zu lutschen. Geh zurück in deine Kindheit. Wenn das Rauchen nach sechs oder neun Monaten ganz aufgehört hat, ersetzt du auch das Daumenlutschen: Dann beginne jeden Abend Milch zu trinken, und zwar aus einer

Nuckelflasche für Babys ... jeden Abend. Sauge an der Flasche wie an einer Brust und schäme dich nicht dafür. Genieße dein Fläschchen regelmäßig jeden Abend 15 Minuten lang, dann kannst du ganz tief schlafen. Gehe dann mit deiner Flasche ins Bett. Und am Morgen, wenn du die Augen aufmachst, greife wieder zu deinem Fläschchen und nuckle ein bisschen warme Milch. Auch tagsüber trinke zwei- oder dreimal – nicht viel, nur ein wenig Milch.

Erst lässt du die Zigaretten los, dann kommt der Daumen und dann lässt du auch den Daumen los. So kommst du zurück zur Mutterbrust – diesmal zu einer künstlichen – und von dort wird sich alles auflösen. Schon nach ein paar Tagen wirst du sehen, dass es jetzt nicht mehr nötig ist ... Am Anfang wirst du vier-, fünf- oder sechsmal am Tag trinken, dann nur noch dreimal, zweimal, einmal. Eines Tages wirst du plötzlich merken, dass du es nicht mehr brauchst ... und genau so soll es aufhören.

Wenn man einen Kampf gegen das Rauchen führt, kann man nie gewinnen. Millionen von Menschen kämpfen dagegen und schaffen es nicht, weil sie nie den ganzen Prozess zurückverfolgen. Man muss es wissenschaftlich angehen. Man muss das Problem an der Wurzel packen. Und die Wurzel des Problems ist: Man vermisst die Mutterbrust. Man hat nie so viel bekommen, wie man wollte. Und diese Sehnsucht ist immer noch da. Sie hat sich nicht einfach in Luft aufgelöst. Solange du diese Sehnsucht hast, wird immer ein Teil des unbefriedigten Kindes in dir bleiben. Das Rauchen an sich ist also gar nicht das Problem. Es ist das unbefriedigte Kind.

Wenn du dieses Problem richtig angehst, stellst du fest, dass du zum ersten Mal erwachsen geworden bist. Das Kind verschwindet und mit ihm die Sehnsucht nach der Mutterbrust. Dann spürst du plötzlich einen Energieschub. Ein Teil von dir war gefangen, jetzt ist er frei. Du bist erwachsen geworden.

Erkennst du die Wurzel eines Problems, kannst du es lösen. Wenn du aber nicht an die Wurzel gehst, kannst du endlos gegen Schatten ankämpfen und du wirst verlieren. Du kannst nie gewinnen.

Mache ein Ein-Jahres-Programm daraus.

Nicht nur das Rauchen wird aufhören. Du wirst dadurch transformiert. Etwas ganz Fundamentales, etwas, das dich zurückhält, wird sich auflösen. Dein Körper wird gesünder, dein Denken klarer, intelligenter. Du wirst in jeder Hinsicht erwachsener.

Für Raucher (2)

Ich schlage vor: Rauche so viel du willst. Es ist ja keine Sünde. Und ich übernehme die Garantie dafür, die Verantwortung. Diese Sünde geht auf mein Konto. Wenn du also am Tag des Jüngsten Gerichts Gott gegenüberstehst, kannst du ihm ruhig sagen, dass dieser Typ dafür verantwortlich ist. Ich werde sogar daneben stehen und bezeugen, dass du nicht dafür verantwortlich bist. Mach dir also keine Sorgen, dass du damit eine Sünde begehst. Entspanne dich, versuche gar nicht erst, es mit Gewalt aufzugeben. Nein, das wird überhaupt nichts bringen.

Ich habe also folgenden Vorschlag: Rauche so viel du willst, aber rauche meditativ. Wenn die Zen-Schüler meditativ Tee trinken können, warum soll man nicht meditativ rauchen können? Der Tee enthält sogar ebenso anregende Substanzen wie Zigaretten. Es ist auch ein Stimulans, da ist kein großer Unterschied. Rauche also meditativ, ganz religiös. Mache ein Ritual daraus. Versuche einmal meine Version.

Richte dir zu Hause eine kleine Ecke ein, die du nur zum Rauchen verwendest – einen kleinen Tempel zu Ehren des Rauchergottes. Als Erstes verneige dich vor deiner Zigarettenschachtel. Mache ein bisschen Small Talk, rede mit den Zigaretten und frage sie, wie es ihnen geht. Dann nimmst du ganz langsam eine Zigarette heraus – ganz langsam, so langsam du kannst, denn nur, wenn du sie ganz langsam herausnimmst, kannst du es auch bewusst tun. Nimm sie nicht mechanisch, so wie du es sonst machst. Dann klopfe mit der Zigarette ganz langsam gegen die Schachtel, und zwar so lange, wie du willst. Hier gibt es keine Eile. Dann nimm das Feuerzeug, verbeuge dich vor ihm. Immerhin sind das große Götter, Gottheiten! Das Feuer ist ein Gott, warum also nicht auch das Feuerzeug?

Und dann fange an langsam zu rauchen, als wäre es eine buddhistische Meditation. Mach es nicht wie beim Pranayama Yoga, wo du schnell und tief atmest, sondern ganz langsam. Buddha sagt: Atme natürlich. Du atmest also ganz natürlich, langsam, ohne Eile. Wenn es eine Sünde wäre, wärst du in Eile. Wenn es eine Sünde wäre, würdest du es so schnell wie möglich hinter dich bringen wollen. Wenn es eine Sünde wäre, würdest du gar nicht hinschauen wollen. Du würdest Zeitung lesen und dabei rauchen. Wer will sich schon beim Sündigen zuschauen? Aber es ist keine Sünde, also schau dir genau zu, achte auf jeden Handgriff.

Teile jede Handlung in kleine Abschnitte auf, damit du ganz langsam vorgehen kannst. Du wirst staunen: Wenn du dir beim Rauchen zusiehst, wird es allmählich immer weniger werden. Und eines Tages ist es plötzlich weg. Du hast dich gar nicht bemüht, es aufzugeben; es hat ganz von alleine aufgehört. Denn wenn dir ein starres Muster, eine Routine, eine mechanische Gewohnheit bewusst wird, hast du eine neue Energie des Bewusstseins in dir freigesetzt. Und nur diese Energie kann dir helfen. Nichts anderes wird dir je helfen.

Und das gilt nicht nur für das Rauchen, das gilt auch für alles andere im Leben: Bemühe dich nicht zu sehr, dich zu verändern. Das hinterlässt nur Narben. Selbst wenn du dich änderst, wird diese Veränderung nur oberflächlich sein und du wirst irgendwo einen Ersatz dafür finden. Du musst ihn finden, sonst fühlst du dich leer.

Doch wenn etwas von alleine vergeht, weil dir im Stillen bewusst geworden ist, wie dumm es ist, wenn du dich nicht bemühen musst, sondern es einfach abfällt wie ein totes Blatt vom Baum, dann bleiben keine Narben zurück und es bleibt kein Ego zurück.

Wenn du etwas mit Gewalt aufgeben willst, bläst sich das Ego sehr auf. Du denkst dann: »Jetzt bin ich tugendhaft, weil ich nicht rauche.« Wenn du glaubst, dass Rauchen eine Sünde ist, glaubst du natürlich, du seist sehr tugendhaft, wenn du es aufgibst.

So sind eure tugendhaften Menschen nämlich: Der eine raucht nicht, der andere trinkt nicht, wieder ein anderer isst nur einmal am Tag oder er isst niemals in der Nacht – es gibt sogar Leute, die in der Nacht nicht einmal Wasser trinken ... lauter große Heilige! Das sind alles fromme Eigenschaften, große Tugenden!

Die Religion hat wirklich viel Dümmliches hervorgebracht – ihr Glanz ist ganz verloren gegangen. Sie ist ebenso dumm wie die Menschen. Doch alles hängt von der Einstellung ab: Wenn man etwas für eine Sünde hält, dann ist das Gegenteil davon eine Tugend.

Ich sage es noch einmal: Nicht-Rauchen ist keine Tugend und Rauchen ist keine Sünde. Bewusstheit ist eine Tugend und Unbewusstheit eine Sünde. Dasselbe Gesetz lässt sich auf das ganze Leben anwenden.

Summendes Essen

Es gibt zwei Arten von Nahrung: Die Dinge, die einem schmecken, für die man eine Vorliebe hat – oder die Dinge, die in unserer Fantasie erscheinen. Daran ist nichts verkehrt, aber man sollte in diesem Zusammenhang einen kleinen Trick lernen.

Es gibt sehr verlockendes Essen. Es spricht dich nur an, weil du siehst, dass es angeboten wird. Du gehst in ein Hotel oder in ein Restaurant und siehst bestimmte Dinge zum Essen: der Duft aus der Küche, die Farbe, das Aroma der Nahrung. Du hast gar nicht ans Essen gedacht, doch plötzlich ist dein Interesse geweckt. Es wird dir nichts bringen, es ist nicht das, was du wirklich willst. Du kannst diese Dinge essen, aber es wird dir keine Befriedigung geben. Du kannst eins nach dem anderen in dich hineinstopfen und es wird dir nichts bringen, es wird dir keine Befriedigung verschaffen. Dabei ist die Befriedigung am wichtigsten. Fresssüchtig wird man nur, weil man nicht befriedigt ist.

Meditiere jeden Tag vor dem Essen. Schließe die Augen und fühle, was dein Körper braucht, egal, was es ist. Du siehst kein Essen, es wird dir nirgends angeboten, du spürst nur in dich hinein, was dein Körper braucht, wie du dich fühlst und worauf du Appetit hast.

Dr. Leonard Pearson nennt es »summende Nahrung« – Nahrung, die dir »ein Lied summt«. Iss davon so viel du willst, aber beschränke dich darauf. Die andere Nahrung nennt er »lockende Nahrung«: Wenn sie angeboten wird, weckt sie dein Interesse. Dann kommt es vom Kopf und ist nicht dein wahres Bedürfnis. Wenn du auf die summende Nahrung hörst, kannst du davon so viel essen, wie du willst, ohne zu leiden, weil sie dich befriedigt. Der Körper wünscht sich nur das, was er braucht, niemals etwas anderes. Es wird dich befriedigen und wer befriedigt ist, muss nicht noch mehr essen.

Problematisch wird es nur, wenn du »lockende Nahrung« zu dir nimmst: Du siehst, dass sie da ist, und du bist davon angetan und isst sie. Aber sie kann dich nicht befriedigen, weil der Körper sie gar nicht braucht. Weil dich diese Nahrung nicht befriedigt, bist du frustriert und in deiner Frustration isst du dann noch mehr. Aber du kannst essen, so viel du willst – es wird dich nie befriedigen, weil du nämlich von Anfang an überhaupt kein Bedürfnis nach Essen hattest.

Zuerst musst du das eigentliche Bedürfnis befriedigen, dann wird sich das sekundäre Bedürfnis legen.

Es wird ein paar Tage oder sogar Wochen dauern, bis du herausgefunden hast, worauf du wirklich Appetit hast. Und davon kannst du so viel essen, wie du willst. Kümmere dich nicht darum, was andere sagen: wenn du Lust auf ein Eis hast, dann hol dir eines! Iss dich satt, iss nach Herzenslust und plötzlich merkst du, dass du befriedigt bist. Sobald du befriedigt bist, vergeht der Zwang, dich voll zu stopfen, von alleine. Es ist ein unbefriedigter Zustand, der bewirkt, dass du dich voll stopfen willst, und er führt zu nichts. Du bist voll und immer noch unbefriedigt. So entsteht das Problem.

Man muss also zuerst etwas lernen, was natürlich ist, was von selbst kommt. Wir haben es nur vergessen, aber der Körper weiß es.

Bevor du dir Frühstück machst, schließe die Augen

und überlege dir, was du möchtest, worauf du wirklich Lust hast. Überlege nicht, was es gibt, denk nur an das, worauf du gerade Appetit hast. Dann hole es dir und iss es. Iss davon, so viel du willst. Halte dich ein paar Tage lang daran. Mit der Zeit wirst du sehen, dass dich kein Essen mehr »locken« kann.

Das Zweite: Kaue beim Essen gründlich. Schlucke nichts hastig hinunter. Immerhin ist es etwas, das du im Mund hast, das du genießen kannst, warum also nicht ein wenig länger daran kauen? Warum zehn Bissen von etwas nehmen, wenn du ganz genussvoll einen Bissen davon zehnmal kauen kannst? Das ist fast so, als hättest du zehnmal abgebissen, wenn es dir nur darum geht, den Geschmack zu genießen.

Kaue dein Essen also länger, denn der Genuss liegt direkt oberhalb der Kehle. Unterhalb der Kehle gibt es keinen Geschmack mehr, nichts dergleichen – wozu also die Eile? Kaue einfach ein bisschen länger, schmecke ein bisschen länger. Tu, was du kannst, um den Geschmack noch intensiver zu machen. Rieche daran, bevor du etwas isst. Genieße den Geruch, denn der Geruch ist der halbe Geschmack.

Rieche am Essen, schau es dir an. Und: nur keine Eile. Lass dir Zeit! Mache eine Meditation daraus. Selbst wenn man dich für verrückt hält, kümmere dich nicht darum. Betrachte dein Essen von allen Seiten, berühre es mit geschlossenen Augen, mit deiner Wange. Fühle es in jeder Form. Rieche immer wieder daran. Erst dann nimm einen kleinen Bissen und kaue. Genieße es. Lass es eine Meditation sein. Schon eine kleine Portion wird dir reichen und dich zutiefst befriedigen.

SCHLAFE GUT

Versuche immer zur selben Zeit schlafen zu gehen. Wenn du dich gewöhnlich um elf Uhr schlafen legst, dann um elf.

Als Erstes musst du dich an eine feste Uhrzeit halten, dann kann dein Körper bald seinen Rhythmus finden. Ändere die Zeit nicht, sonst bringst du nur deinen Körper durcheinander. Es gibt einen biologischen Rhythmus, doch ist er deinem Körper irgendwie verloren gegangen. Wenn du also beschlossen hast, jeden Tag um elf ins Bett zu gehen, dann lege dich darauf fest. Dann musst du immer um elf Uhr schlafen gehen, ganz gleich, was passiert. Du kannst dich auch auf zwölf Uhr festlegen, aber es muss regelmäßig sein. Das ist das eine.

Und bevor du zu Bett gehst, tanze eine halbe Stunde lang ausgelassen, damit dein Körper alle Anspannung über Bord werfen kann. Wenn du unter Schlaflosigkeit leidest, dann gehst du wahrscheinlich mit dieser ganzen Angespanntheit schlafen und die Anspannung hält dich wach. Wenn du also um elf ins Bett gehst, fange um zehn an zu tanzen. Tanze bis halb elf.

Dusche danach oder nimm ein heißes Bad. Entspanne dich fünfzehn Minuten in der Wanne, lasse deinen ganzen Körper sich entspannen.

Zuerst also Tanzen, damit alle Spannungen abfallen, danach eine heiße Dusche. Ein heißes Bad ist noch besser als eine Dusche, weil du dich im Bad eine halbe Stunde oder fünfzehn, zwanzig Minuten lang hinlegen und entspannen kannst.

Dann iss etwas, etwas Heißes ist gut, nichts Kaltes.

Etwas heiße Milch zum Beispiel. Dann lege dich schlafen. Und lies nicht vor dem Einschlafen – niemals.

So sollte dein Programm also aussehen, ein einstündiges Programm: tanzen, baden, etwas zu sich nehmen – am besten heiße Milch – und dann schlafen gehen. Schalte das Licht aus und schlafe.

Mache dir keine Gedanken, ob du gleich einschlafen kannst oder nicht. Wenn du nicht gleich einschlafen kannst, dann liege einfach still und beobachte deinen Atem. Atme nicht zu stark, sonst hält dich das wach. Lass den Atem so, wie er ist, ganz leise, du beobachtest ihn nur, wie er kommt und geht, kommt und geht ... Das ist so monoton, dass du bald tief und fest schlafen wirst. Alles, was monoton ist, hilft. Und Atmen ist absolut monoton, immer dasselbe ... Es kommt und geht und kommt und geht ...

Du kannst sogar die Worte »kommt« und »geht«, »kommt« und »geht« benutzen. Du kannst innerlich die Worte »kommt« und »geht«, »kommt« und »geht« wiederholen. Dann wird es zu einer transzendenten Meditation, und transzendente Meditation ist perfekt zum Einschlafen, allerdings nicht zum Erwachen!

Wenn du nicht einschlafen kannst, steh aber nicht wieder auf. Geh nicht zum Kühlschrank und hol dir was zu essen, fange nicht an, zu lesen oder sonst etwas zu tun. Bleibe ganz entspannt liegen, ganz gleich, was passiert. Selbst wenn du gar nicht einschlafen kannst – Entspannung ist fast genauso wertvoll wie Schlaf, eben nicht ganz so wertvoll, aber das ist auch schon alles. Beim Schlafen kannst du dich zu hundert Prozent entspannen, wenn du nur entspannt daliegst, zu neunzig Prozent. Aber stehe nicht auf, sonst störst du den Rhythmus.

Nach ein paar Tagen wirst du merken, dass du einschlafen kannst. Beschließe auch, am Morgen immer zur selben Zeit aufzustehen.

Selbst wenn du die ganze Nacht nicht geschlafen hast, ist es egal: Wenn der Wecker läutet, musst du aufstehen. Lege dich tagsüber nicht noch einmal hin, weil du dann den ganzen Rhythmus durcheinander bringst. Wie soll sich dein Körper dann je auf einen Rhythmus einstellen können? Lege dich am Tag nicht hin, vergiss es. Warte bis zum Abend, bis du dich um elf wieder schlafen legst. Lass den Körper nach Schlaf dürsten. Von elf bis sechs Uhr früh ... sieben Stunden reichen.

Auch wenn du tagsüber schläfrig bist, gehe lieber spazieren, lies etwas, singe oder höre Musik, aber lege dich nicht schlafen. Widerstehe dieser Versuchung. Es geht nur darum, dass der Körper wieder seinen Rhythmus findet.

Wirf den Müll raus

Eine Meditation vor dem Schlafengehen ist »Gibberish«. Dreißig Minuten »Gibberish« reichen. Dadurch wird man ganz schnell leer. Normalerweise dauert es lange: Man grübelt und grübelt und die Gedanken rattern unaufhörlich weiter. So geht es die ganze Nacht. Dabei könnte alles in einer halben Stunde erledigt sein!

»Gibberish« oder »Glossolalia« ist das beste Mittel dafür: Setze dich auf dein Bett, schalte das Licht aus und fange an, in fiktiven Sprachen zu sprechen, Laute zu machen – was immer kommt, lass es zu. Und zerbrich dir nicht den Kopf über die Sprache oder über die Grammatik – mach dir keine Gedanken darüber, was du sagst. Mach dir keine Gedanken über den Sinn – um den Sinn geht es hier überhaupt nicht. Je sinnloser es ist, desto besser.

Auf diese Weise wird einfach der Müll aus deinem Kopf geleert, der Lärm abgeschaltet. Also plappere los und sei voller Leidenschaft, rede, als stünde dein Leben auf dem Spiel. Du redest lauter Unsinn und außer dir ist niemand da, aber sei trotzdem richtig leidenschaftlich dabei, führe einen leidenschaftlichen Dialog. Dreißig Minuten sind genug, dann wirst du die ganze Nacht herrlich schlafen.

In unserem Kopf sammelt sich viel Lärm an und wenn man schlafen gehen will, dröhnt er weiter. Es ist zur Gewohnheit geworden; er weiß einfach nicht, wie er abschalten kann, das ist alles. Der Ein- und Ausschalter funktioniert nicht. Diese Technik hilft. Sie macht es möglich, diese Energie hinauszuwerfen, und dann ist man leer und kann schlafen.

Genau das passiert in den Träumen und Gedanken in der Nacht: der Kopf versucht, sich für den nächsten Tag leer zu machen. Er muss sich vorbereiten. Du hast vergessen, wie du diesen Vorgang stoppen kannst, und je mehr du es versuchst, desto wacher wirst du und es wird immer schwieriger einzuschlafen.

Es geht also nicht darum, zu versuchen einzuschlafen – versuche gar nichts. Wie kannst du versuchen loszulassen? Es geschieht einfach. Es ist nicht etwas, was man tun kann. Du kannst nur eine Situation herbeiführen, in der es leicht geschehen kann, sonst nichts. Schalte das Licht aus, mach es dir im Bett gemütlich, nimm ein weiches Kissen und schlüpfe unter die warme Decke. Mehr kannst du nicht tun. Dann halte eine halbe Stunde lang einen ganz leidenschaftlichen Monolog, einen völlig sinnlosen Monolog.

Laute werden aus deinem Mund kommen, sprich sie aus. Und ein Laut wird zum nächsten führen. Schon bald wirst du Chinesisch, Italienisch und Französisch und andere Sprachen sprechen, die du nicht kennst. Das ist herrlich, denn eine Sprache, die du kennst, kann dich nie leer machen. Eben weil du sie kennst, würdest du nichts so extrem ausdrücken. Du wirst vor vielem Angst haben: »Was sage ich da? Darf ich das denn sagen? Ist es moralisch vertretbar?« Du kriegst vielleicht sogar noch Schuldgefühle, weil du so viel schlimmes Zeug redest. Aber wenn du nur Laute machst, weißt du nicht, was du da sagst ... Doch deine Gesten und deine Leidenschaft werden für sich sprechen.

Erholung für Erschöpfte

Mache sieben Tage lang ein kleines Experiment. Es wird dich zur Ruhe bringen und dir tiefe Einsichten vermitteln. Schlafe sieben Tage lang, so viel du kannst. Zwischendrin iss gut und gehe wieder schlafen; iss wieder und lege dich wieder schlafen. Lies in diesen sieben Tagen nichts, höre kein Radio, schau nicht fern und triff dich mit niemandem.

Lass sieben Tage lang alles zum Stillstand kommen. Entspann dich sieben Tage lang, lege dich hin, ruhe dich aus. Diese sieben Tage werden eine unglaubliche Erfahrung für dich sein. Wenn du von dort zurückkommst, wirst du dich völlig problemlos in jede Gesellschaft, in jede Arbeit einfügen können. In diesen sieben Tagen wirst du dich sogar nach Arbeit und Aktivität sehnen und du wirst dir nichts sehnlicher wünschen, als das Bett zu verlassen.

Aber diese sieben Tage bleibe schön im Bett!

9: Die Stille im Zentrum des Wirbelsturms

Wie man ruhig, gelassen und zentriert bleibt

Je tiefer Meditation geht, desto mehr werden auch andere Werte entwickelt: zum Beispiel Liebe, die man völlig grundlos verspürt. Es ist nicht, was man normalerweise unter Liebe versteht, nicht dass man jemandem verfallen ist oder verliebt ist. Man fühlt sich einfach liebevoll und das beschränkt sich nicht nur auf Menschen. Je tiefer deine Meditation geht, desto mehr strahlst du diese Liebe aus; sie wird nicht nur Menschen erreichen, sondern auch Tiere und Bäume, sogar Felsen und Berge.

Wenn du das Gefühl hast, dass deine Liebe etwas ausschließt, bedeutet das, dass sie nicht fließt. Deine Liebe sollte die ganze Existenz umfassen. Je höher dich deine Meditation trägt, desto mehr werden deine »niedrigen« Eigenschaften von dir abfallen. Du kannst nicht beides haben. Du kannst nicht mehr so leicht wütend werden wie früher und mit der Zeit wirst du es überhaupt nicht mehr können. Du kannst einfach keinen mehr betrügen oder täuschen oder ausnützen. Du kannst niemanden verletzen. Mit der Veränderung deines inneren Bewusstseins ändern sich auch deine Verhaltensmuster.

Du wirst nicht mehr so oft in trübselige Stimmungen verfallen; Gefühle von Frustration, Versagen und Sinnlosigkeit, Trübsal, Ängste und Sorgen werden dir allmählich fremd werden.

Und dann kommt ein Moment, da du einfach nicht mehr wütend sein kannst, selbst wenn du es willst. Du hast die Sprache der Wut verlernt. Dafür wird es dir leichter fallen zu lachen. Dein Gesicht, deine Augen werden von innen leuchten. Und du wirst selbst spüren, dass du leichter geworden bist, als würde die Schwerkraft nicht mehr so funktionieren wie vorher. Du hast diese Schwere verloren, denn all diese Eigenschaften wie Wut, Traurigkeit, Frustration und Hinterhältigkeit sind schwer. Diese Gefühle sind sehr schwer. Du merkst es oft nicht, aber sie machen dir das Herz schwer und verhärten dich.

Je tiefer deine Meditation wird, desto sanfter und verletzlicher wirst du. So wie dir das Lachen leichter fallen wird, werden dir auch leichter die Tränen kommen. Doch diese Tränen kommen nicht aus Kummer oder Trauer. Es werden Freudentränen sein, Tränen der Glückseligkeit, der Dankbarkeit. Diese Tränen werden ausdrücken, was Worte nicht sagen können. Diese Tränen werden dein Gebet sein.

Dann wirst du erfahren, dass Tränen nicht nur dazu da sind, deinen Schmerz, deine Not, dein Leid auszudrücken – dazu haben wir sie bisher benutzt. Doch sie haben einen viel größeren Zweck zu erfüllen. Sie sind so viel schöner, wenn sie als Ausdruck der Ekstase kommen.

Insgesamt gibt einem Meditation ein Gefühl von Erweiterung: Man dehnt sich aus, wird immer größer und größer. Das betrifft nicht das Ego, sondern das Bewusstsein erweitert sich: Es kann mehr Menschen in seinem Umfeld aufnehmen; man bekommt größere Hände, weil man mehr geben kann und selbst Menschen umarmen kann, die weit weg sind; Entfernungen lösen sich auf; selbst weit entfernte Sterne sind einem nah, denn dem Bewusstsein sind Flügel gewachsen.

Und diese Dinge sind so klar und gewiss, dass man sie nie mehr bezweifelt, nie in Frage stellt. Wenn man daran zu zweifeln beginnt, bedeutet es, man ist stecken geblieben. Dann hilft nur wache Aufmerksamkeit und man muss seine Energie intensiver der Meditation widmen. Doch wenn diese Dinge kommen, gibt es keine Fragen und Zweifel ...

Wir leben in einer seltsamen Welt: Wenn es dir schlecht geht, wenn du leidest, sagt kein Mensch, dass etwas nicht in Ordnung ist mit dir, dass man dich einer Gehirnwäsche unterzogen oder hypnotisiert hätte. Aber wenn du lächelst, wenn du vor lauter Freude auf der Straße tanzt oder ein Lied singst, sind alle schockiert. Dann heißt es: »Was machst du denn da? Du hast wohl eine Gehirnwäsche bekommen! Bist du hypnotisiert oder übergeschnappt?«

In dieser seltsamen Welt gilt Leiden als normal, gilt Angst als normal. Warum? Weil du dadurch, dass du leidest oder dich elend fühlst, andere froh machst, dass es ihnen nicht ganz so schlecht geht, dass sie nicht ganz so unglücklich sind wie du. Du gibst ihnen Gelegenheit, Mitleid zu haben. Und Mitleid kostet nichts.

Wenn du so glücklich, so glückselig bist, können andere nicht noch glücklicher als du sein. Du demütigst sie. Sie haben das Gefühl, dass irgendetwas mit ihnen nicht stimmt. Sie müssen dich verurteilen, sonst müssten sie sich über sich selbst Gedanken machen, und das macht Angst. Jeder hat Angst, über sich selbst nachzudenken, denn das heißt Veränderung und Transformation; das heißt, man muss einiges durchmachen.

Leute, die ein langes Gesicht machen, kann man leicht akzeptieren. Leute, die lachen, sind viel schwieriger zu akzeptieren. Das sollte nicht so sein. In einer besseren Welt, in einer Welt, in der die Menschen bewusster sind, sollte es nicht so sein. Im Gegenteil: Es sollte so sein, dass dich die Leute, wenn sie dich leiden sehen, fragen: »Was ist los mit dir, stimmt was nicht?« Und wenn du glücklich bist und auf der Straße tanzt, sollte jeder, der vorbeikommt, gleich mit dir tanzen oder sich zumindest freuen, dass du tanzt. Und er wird nicht sagen, du seist verrückt, denn Tanzen ist nicht verrückt und Singen ist nicht verrückt und Freude auch nicht. Leiden ist verrückt. Aber dieses Verrücktsein wird als normal akzeptiert.

Wer sich in der Meditation weiter entwickelt, sollte sich bewusst sein, dass man immer mehr Kritiker um sich herum haben wird, die einem einreden wollen: »Mit dir stimmt etwas nicht. Wir haben gesehen, dass du gelächelt hast, als du allein warst. Warum hast du gelächelt? Das ist nicht normal.« Traurig sein gilt als normal, aber wenn du lächelst, bist du krank.

Manche Leute können es nicht vertragen, wenn man auf Beleidigungen nicht reagiert, wenn man ganz einfach »Danke« sagt und weitergeht. So etwas ist schwer zu nehmen, weil es das Ego der anderen Person tief verletzt. Der andere wollte dich in den Schmutz ziehen und du lässt ihn nicht. Jetzt sitzt er allein im Dreck. Das kann er dir nicht verzeihen.

Wenn dir so etwas passiert, kannst du sicher sein, dass du auf dem richtigen Weg bist. Und Menschen mit Verständnis und mit Erfahrung werden diese Veränderungen an dir bemerken. Sie werden dich fragen, was mit dir geschehen ist und wie es geschehen ist. »Wir möchten, dass es auch mit uns geschieht!« Wer will schon unglücklich sein? Wer will denn nicht, dass diese ständige innere Quälerei aufhört?

Wenn Meditation tiefer geht, passieren all diese Dinge: Manche werden dich verdammen, manche werden dich für verrückt halten, und wer ein wenig Verständnis hat, wird dich fragen: »Was ist mit dir geschehen und was muss ich tun, damit es mit mir geschieht?«

Ganz gleich, was um dich herum passiert – du bleibst in deiner Mitte, tief verwurzelt in deinem Wesen, geerdet. Du musst zum Zentrum des Zyklons werden. Und du wirst genau wissen, wann du zum Zentrum des Zyklons geworden bist. Du musst nicht erst fragen: »Woher soll ich es wissen?« Woher weiß man, ob man Kopfweh hat? Man weiß es einfach.

In der Schule hatte ich einen Lehrer, der ein ziemlich merkwürdiger Mensch war. Am ersten Unterrichtstag sagte er zu uns: »Merkt euch eines: Ich glaube nicht an Kopfweh, ich glaube nicht an Bauchweh, ich glaube nur an das, was ich sehen kann. Wenn ihr also einmal schulfrei haben wollt, dann kommt mir nicht mit Ausreden wie Kopfweh, Bauchweh und so weiter. Ihr müsst mir schon etwas Echtes zeigen.«

Er galt als sehr streng. Es war bei ihm fast unmöglich, auch nur eine Stunde frei zu bekommen. Direkt vor seinem Haus standen zwei Kadamba-Bäume – zwei Prachtexemplare. Abends ging er immer spazieren, und es war fast schon dunkel, wenn er zurückkam.

Gleich am ersten Tag sagte ich mir: »Die Sache muss geklärt werden.« Ich kletterte auf einen der Bäume und als er unten vorbeikam, ließ ich einen Stein auf seinen Kopf fallen. Er schrie wie am Spieß.

Ich kletterte hinunter und sagte: »Was ist los?«

Er sagte: »Es tut weh und du fragst noch, was los ist?«

Ich sagte: »Das müssen Sie mir erst einmal zeigen. So lange Sie es mir nicht zeigen, werde ich es nicht glauben. Ich bin schließlich Ihr Schüler! Und erzählen Sie lieber niemand was davon. Ich will nicht, dass Sie mich morgen ins Büro des Rektors zitieren, sonst gibt es Ärger. Sie werden Ihr Kopfweh beweisen müssen. Sie müssen es uns vorführen, sonst ist es rein fiktiv. Sie haben es erfunden. Sie haben es sich nur eingebildet. Warum sollte ich auf den Baum vor Ihrem Haus klettern? Ich habe das noch nie im Leben getan. Wieso soll ich plötzlich verrückt geworden sein?«

Er sagte: »Hör zu! Ich verstehe, was du mir sagen willst, aber erzähle es niemandem weiter. Wenn du Kopfweh hast, werde ich es akzeptieren. Aber sage niemandem etwas davon, das ist nämlich mein Lebensgrundsatz. Ich mache nur eine Ausnahme.«

Ich sagte: »Okay. Die anderen sind mir egal. Sie müssen nur eines verstehen: Wenn ich meine Hand hebe, dann habe ich entweder Kopfweh oder Bauchweh, irgendwas Unsichtbares jedenfalls. Und dann müssen Sie mich gehen lassen.«

Die ganze Klasse war erstaunt: »Was ist denn da los? Du brauchst nur deine Hand zu heben und schon sagt er: ›Raus mit dir! Geh sofort raus!‹ Und du bist den ganzen Tag von seiner Marter befreit. Was hat diese Handbewegung für eine Bedeutung, was ist das für ein Zeichen? Und warum gerät er so außer sich?«

Du wirst es wissen. Es geht viel tiefer als Kopfweh, viel tiefer als Bauchweh und viel tiefer als Herzweh. Es ist Seelenweh. Du wirst es erkennen.

Mit beiden Füssen auf der Erde

Eines der am weitesten verbreiteten Probleme des modernen Menschen ist, dass er entwurzelt ist. Die ganze Menschheit leidet unter dieser Entwurzelung. Wenn sie einem bewusst wird, spürt man ein Zittern in den Beinen, eine Unsicherheit, denn die Beine sind in Wirklichkeit die Wurzeln des Menschen. Durch die Beine ist er mit der Erde verwurzelt.

Zwei oder drei Dinge kann man tun ...

Das Erste: Wenn du am Meer bist, gehe jeden Morgen an den Strand und laufe auf dem Sand. Wenn du nicht am Meer bist, dann laufe irgendwo barfuß, ohne Schuhe auf der bloßen Erde, und spüre den Kontakt zwischen den Füßen und der Erde. Schon nach ein paar Wochen wirst du spüren, wie viel Energie und Kraft in deinen Beinen ist. Barfußlaufen ist das Erste.

Das Zweite: Bevor du losläufst und nach dem Laufen, also zu Beginn und zum Schluss, mache folgende Übung: Stehe auf deinen Füßen, die etwa 15 bis zwanzig Zentimeter auseinander sind, und schließe die Augen. Dann verlagere dein ganzes Gewicht erst auf das rechte Bein, als würdest du nur auf dem rechten Bein stehen. Das linke ist nicht belastet. Spüre es und gehe dann zum linken Bein über. Verlagere das ganze Gewicht auf das linke Bein und entlaste das rechte Bein völlig, als hätte es gar nichts zu tun. Es steht bloß auf dem Boden, trägt aber kein Gewicht.

Wiederhole es vier- bis fünfmal, spüre, wie sich die Energie verändert, wie sich das anfühlt. Danach versuche, genau in der Mitte zu sein – weder links noch rechts, noch auf beiden Beinen. Einfach nur in der Mitte, ohne eine Seite hervorzuheben, halbe-halbe. Durch dieses Halbe-Halbe-Gefühl wirst du stärker in der Erde verwurzelt sein. Mache diese Übung vor und nach dem Laufen, es wird dir sehr helfen.

Das Dritte: Atme tiefer. Wenn man flach atmet, fühlt man sich entwurzelt. Der Atem muss bis zur tiefsten Wurzel deines Wesens vordringen und diese Wurzel ist dein Sex-Zentrum. Der Mensch wird durch Sex geboren. Seine Energie ist sexuell. Dein Atem sollte mit deiner sexuellen Energie in Berührung sein, sodass der Atem ständig eine Massage des Sex-Zentrums bewirkt. Dann wirst du deine Wurzeln fühlen. Wenn dein Atem flach ist und das Sex-Zentrum nie erreicht, ist die Verbindung unterbrochen. Und diese Unterbrechung bringt dich ins Wanken, du bist unsicher und verwirrt. Du weißt nicht, wer du bist; du weißt nicht, wohin du gehst; du weißt nicht, wozu du da bist oder warum du überhaupt existierst. Du hast das Gefühl, dass du dahintreibst. Mit der Zeit wirst du abgestumpft, leblos – denn wie kann man leben, wenn der Sinn fehlt? Und wie kann es einen Sinn geben, wenn du nicht in deiner eigenen Energie verwurzelt bist?

Zuerst musst du also deine Wurzeln in der Erde finden. Sie ist die Mutter aller Dinge. Dann musst du deine Wurzeln im Sex-Zentrum finden; das ist der Vater aller Dinge. Bist du in der Erde und im Sex-Zentrum verwurzelt, wirst du dich vollkommen wohl fühlen, wirst ruhig und gesammelt sein. Du wirst in deiner Mitte sein und mit beiden Beinen fest auf der Erde stehen.

ATME VON DEN FUßSOHLEN

Für viele Menschen, eigentlich für die meisten, ist der untere Teil des Körpers ein Problem. Der untere Teil ist abgestorben, weil die Sexualität jahrhundertelang unterdrückt worden ist. Die Menschen trauen sich nicht mehr, unterhalb ihres Sex-Zentrums noch etwas zu fühlen. Also bleiben sie verkrampft und leben nur oberhalb des Sex-Zentrums. Genauer gesagt, leben die meisten Menschen im Kopf oder – wenn sie ein bisschen mutiger sind – im Rumpf.

Sie gehen höchstens bis zum Nabel hinunter, aber nie weiter. Deshalb ist eine Hälfte ihres Körpers fast wie gelähmt, und folglich auch die Hälfte ihres Lebens! Vieles ist ihnen unmöglich, denn der untere Teil des Körpers ist wie Wurzeln. Er bildet die Wurzeln. Die Beine sind die Wurzeln und sie verbinden einen mit der Erde. Die Menschen hängen also in der Luft wie Gespenster, ohne Verbindung zur Erde. Man muss wieder zu seinen Füßen zurückfinden.

Laotse pflegte seinen Schülern zu sagen: »Solange ihr nicht von euren Fußsohlen atmet, seid ihr nicht meine Schüler. Atmet von den Fußsohlen.« Und er hat völlig Recht. Je tiefer man in sich ruht, desto tiefer atmet man. Man könnte fast sagen, dass die Begrenzung des Atems auch die Begrenzung des Seins ist. Wenn diese Grenzen sich erweitern und die Füße berühren, wenn der Atem sozusagen bis hinunter in die Füße geht – nicht im physiologischen Sinn, sondern in einem sehr tiefen psychologischen Sinn –, dann hat man sich seinen ganzen Körper zu Eigen gemacht. Zum ersten Mal ist man ein Ganzes, aus einem Stück.

Versuche, deine Füße immer mehr zu spüren.

Stelle dich manchmal einfach barfuß auf den Boden und spüre, wie kühl und weich und warm er ist. Ganz gleich, was dir die Erde in diesem Moment geben will – spüre es einfach und lass es durch dich hindurch fließen. Lass deine Energie in die Erde fließen und mit der Erde verbunden sein.

Die Verbindung mit der Erde ist die Verbindung mit dem Leben. Die Verbindung mit der Erde ist die Verbindung mit dem Körper. Bist du mit der Erde verbunden, wirst du sehr sensibel und zentriert – und darauf kommt es an.

Hara-Bewusstsein

Wann immer du Zeit hast, setz dich still hin und gehe nach innen. Lass dich in den Bauch fallen, in das Zentrum etwa fünf Zentimeter unterhalb des Nabels, das so genannte Hara. Bleibe dort. Dadurch wird deine Lebensenergie zentriert. Du musst es nur ausprobieren – es funktioniert. Du wirst spüren, dass sich das ganze Leben um dieses Zentrum herum bewegt.

Das Leben nimmt seinen Anfang im Hara und im Hara endet es auch. Unsere Körperzentren sind weit voneinander entfernt; das Hara liegt genau in der Mitte. Dort sind wir im Gleichgewicht, dort liegen unsere Wurzeln. Man muss sich das Hara bewusst machen, dann kommt vieles in Bewegung.

Zum Beispiel: Je mehr Aufmerksamkeit du ins Hara richtest, desto weniger Gedanken werden kommen. Die Gedanken werden automatisch abnehmen, weil die Energie nicht mehr in den Kopf geht, sondern ins Hara. Je mehr du an das Hara denkst, je mehr du dich darauf konzentrierst, desto stärker wird die Disziplin sein, die sich in dir entwickelt. Sie kommt von allein, du musst sie nicht erzwingen. Je mehr dir das Hara-Zentrum bewusst wird, desto weniger Angst wirst du vor dem Leben und vor dem Tod haben, weil es das Zentrum von Leben und Tod ist.

Hast du dich einmal auf das Hara-Zentrum eingestimmt, kannst du mutig leben. Mut kommt aus dem Hara: weniger Gedanken, mehr Stille, weniger unkontrollierte Momente, natürliche Disziplin, Mut, Verwurzelung und eine Verbundenheit mit der Erde.

HAFEN IN DER NACHT

Wenn du spürst, dass du hin und her schwankst und nicht weißt, wo dein Zentrum ist, zeigt das nur, dass du nicht mehr in Kontakt mit deinem Hara bist. Also musst du diesen Kontakt herstellen.

Wenn du abends schlafen gehst, leg dich auf das Bett, lege beide Hände auf den Bauch, etwa fünf Zentimeter unterhalb des Nabels, und drücke leicht. Dann fange an zu atmen, tief zu atmen. Du wirst spüren, wie sich dieses Zentrum mit dem Atem hebt und senkt. Fühle deine ganze Energie dort, als würdest du immer mehr zusammenschrumpfen und nur noch dort als ein kleines Zentrum, als sehr stark konzentrierte Energie existieren. Atme so zehn bis 15 Minuten lang vor dem Einschlafen.

Du kannst auch dabei einschlafen; es wird dir helfen. Diese Nacht bleibst du die ganze Nacht über in deinem Zentrum. Das Unbewusste wird immer wieder dorthin gehen und sich dort sammeln. Ohne es zu wissen, wirst du die ganze Nacht auf verschiedene Weise in tiefen Kontakt mit deinem Zentrum kommen.

Wenn du am Morgen aufwachst, öffne deine Augen nicht gleich. Lege deine Hände noch einmal mit leichtem Druck auf das Hara und beginne zu atmen. Fühle das Hara noch einmal. Atme wieder zehn oder 15 Minuten, und dann steh auf. Wiederhole es jeden Abend und jeden Morgen. Nach drei Monaten wirst du viel mehr in deiner Mitte sein.

Es ist sehr wichtig, in seiner Mitte zu sein; sonst fühlt man sich unvollständig. Man fühlt sich nicht komplett, sondern eher wie ein Teil in einem Puzzle, zersplittert und ohne eine klare Gestalt, nicht als Ganzes. Das ist kein guter Zustand, denn ohne seine Mitte kann sich ein Mensch nur dahin schleppen. Er kann nicht lieben. Ohne deine Mitte kannst du zwar die Routine des Alltagslebens bewältigen, aber du kannst niemals kreativ sein. Du lebst auf Sparflamme und es ist dir nicht möglich, dein maximales Potenzial auszuschöpfen. Nur wer in seiner Mitte ist, schöpft das Maximum aus, lebt am Zenit, auf dem Gipfel, dem Höhepunkt. Und nur das ist Leben, wirkliches Leben.

Schützende Aura

Setze dich jede Nacht vor dem Schlafengehen auf dein Bett und stell dir vor, dass dein Körper von einer Aura umgeben ist, die einen Abstand von etwa 15 Zentimetern von deinem Körper und die dieselbe Form wie dein Körper hat und die dich beschützt. Sie wird zu einem Schutzschild werden. Stelle sie dir vier oder fünf Minuten lang vor und während du sie noch fühlst, lege dich schlafen. Stell dir beim Einschlafen vor, diese Aura schützt, umhüllt dich wie eine Decke, sodass keine Anspannung von außen zu dir dringen kann, dass keine Gedanken und keine Schwingungen von draußen hereinkommen können. Schlaf mit dieser Aura um dich herum ein.

Das ist das Letzte, was du nachts tun solltest. Danach kannst du dich einfach schlafen legen, damit das Gefühl im Unbewussten weiter bestehen bleiben kann. Das ist alles. Der ganze Mechanismus funktioniert so, dass du damit anfängst, dir bewusst etwas vorzustellen und dann allmählich einschläfst. Auf der Schwelle zum Schlaf wird sich ein wenig von dieser Vorstellung etwas länger halten. Du schläfst ein, aber dieser kleine Teil deiner Vorstellung dringt ins Unbewusste. Dadurch entsteht eine ungeheuer große Kraft und Energie.

Wir wissen nicht, wie man sich vor anderen schützt. Andere Menschen sind nicht einfach nur da, sie senden ständig Signale als subtile Schwingungen aus. Wenn ein Mensch an dir vorüber geht, der sehr angespannt ist, schießt er mit seiner Anspannung wie mit Pfeilen um sich. Sie sind nicht einmal auf jemanden gerichtet. Er schießt sie einfach ab. Das geschieht unbewusst; er will nicht absichtlich jemanden damit treffen. Er muss einfach seine Spannungen loswerden, weil sie ihn zu sehr belasten. Er würde verrückt werden, wenn er es nicht täte. Nicht dass er beschlossen hätte sie abzuschießen – sie schießen von selbst aus ihm heraus. Sie sind zu viel und er kann sie nicht mehr zurückhalten, also schießen sie aus ihm heraus.

Leute gehen an einem vorüber und bewerfen einen ständig mit irgendetwas. Wenn man empfänglich ist und keine schützende Aura um sich hat ... und Meditation macht einen empfänglich, sehr empfänglich. Solange man allein ist, ist alles gut. Solange man von Menschen umgeben ist, die meditieren, ist alles wunderbar. Doch sobald man in der Welt ist, auf dem Marktplatz, wo die Menschen nicht meditativ sind, sondern sehr angespannt und tausend Dinge im Kopf haben, dann bekommt man alles ab. Man ist verletzlich. Meditation macht einen sehr weich und alles, was kommt, dringt ein.

Nach dem Meditieren muss man sich mit einer schützenden Aura umgeben. Manchmal kommt sie automatisch, manchmal nicht. Bei wem es nicht automatisch geschieht, der muss etwas dafür tun. Im Laufe von etwa drei Monaten baut sich die Aura auf. Nach etwa drei Wochen bis zu drei Monaten beginnt man sehr viel Kraft zu spüren.

Stelle dir also die Aura vor, wenn du nachts einschläfst. Am Morgen muss es wieder dein erster Gedanke sein. Wenn du aufwachst, öffne deine Augen nicht. Spüre nur deine Aura um den ganzen Körper, wie sie dich beschützt. Spüre sie vier oder fünf Minuten lang immer wieder; dann stehe auf. Erinnere dich daran, während du duschst und deinen Tee trinkst. Auch wenn du tagsüber zwischendurch Zcit hast – im Auto oder im Zug oder im Büro, wenn du nichts zu tun hast –, entspanne dich in diese Aura. Spüre sie wieder für einen Moment.

Es dauert etwa drei Wochen bis drei Monate, bis du sie wie etwas Solides wahrnehmen kannst. Sie wird dich umgeben und du wirst spüren, dass du jetzt mitten durch eine Menschenmenge gehen kannst, ohne dass es dir etwas ausmacht. Du bleibst davon unberührt. Das wird dich unglaublich erleichtern, denn von nun an werden nur deine eigenen Probleme deine Probleme sein, nicht die der anderen.

Seine eigenen Probleme zu lösen ist ganz einfach, weil sie eben die eigenen sind. Die Probleme anderer zu lösen, ist dagegen sehr schwierig: Man kann sie nicht lösen, weil sie einem ja gar nicht gehören.

Versuche dich mit dieser schützenden Aura zu umgcbcn. Du wirst sic wirklich sehen können und du wirst sehen, wie sie funktioniert. Du wirst sehen, dass du völlig beschützt bist. Wo immer du hingehst, wird alles, was auf dich zukommt, wieder zurückgehen. Nichts wird dich berühren.

Balanceakt

Die rechte und die linke Gehirnhälfte funktionieren getrennt voneinander. Das ist bei jedem Menschen so, doch wenn Meditation sehr tief geht, kann diese Trennung, dieser Unterschied sehr auffällig und krass werden.

Setze dich still hin und drücke auf deine Augen, auf die Augäpfel, so lange, bis du Lichter siehst. Tu deinen Augen nicht allzu weh, aber ein bisschen Schmerz ist erlaubt. Beobachte also nur diese Lichter – das wird vieles ins Gleichgewicht bringen.

Drücke vier, fünf Minuten lang auf die Augäpfel. Dann entspanne dich fünf Minuten lang. Danach drücke noch einmal auf die Augäpfel. Mache diese Übung vierzig Minuten lang. Dann kühle die Augen mit kaltem Wasser ab. Schließe danach die Augen und spüre die Kühle.

Mach diese Übung 15 Tage lang. Sie wird vieles in deinem Gehirn ins Gleichgewicht bringen und du wirst dich sehr gesammelt, sehr klar fühlen.

EINFACH HIER SEIN

Wenn man bewusster wird, beginnt sich die Welt zu verändern. Dafür muss man nichts tun. Alle Veränderungen passieren fast ganz von selbst. Nur eines ist nötig: Man sollte sich immer darum bemühen, bewusster zu werden. Werde immer bewusster in allem, was du tust. Wenn du gehst, gehe bewusst, richte deine ganze Aufmerksamkeit auf das Gehen. Es ist ein großer Unterschied, ob du ganz unbewusst gehst oder ob du Bewusstsein in die Bewegung bringst. Der Unterschied ist gewaltig! Von außen ist es vielleicht nicht zu sehen, doch innerlich bewegst du dich in einer völlig anderen Dimension.

Du kannst ein kleines Experiment machen: Wenn du zum Beispiel eine Handbewegung machst, bewege deine Hand mechanisch. Und dann bewege sie ganz bewusst, spüre die kleinste Bewegung und sieh dir von innen zu, wie du sie bewegst. Schon mit dieser kleinen Geste stehst du an der Schwelle zum Göttlichen, weil da gerade ein Wunder geschieht. Es ist eines der größten Geheimnisse, das die Wissenschaft immer noch nicht ergründen konnte. Du beschließt, deine Hand zu bewegen und die Hand folgt diesem Beschluss. Es ist ein Wunder, denn es ist das Bewusstsein, das die Materie berührt, und nicht nur das: Die Materie folgt dem Bewusstsein sogar. Die Brücke ist noch nicht entdeckt worden. Es ist Magie. Es ist die Macht des Geistes über die Materie – das ist es, was Magie ausmacht. Man tut es den ganzen Tag, aber man tut es nicht bewusst. Sonst wäre in jeder einfachen Geste tiefe Meditation. So bewegt das Göttliche die ganze Existenz. Bleibe also aufmerksam beim Gehen, Sitzen, Reden oder Zuhören.

Eins-Sein

Sage jedes Mal, wenn du ausatmest: »Eins«. Beim Ausatmen sage: »Eins«, beim Einatmen sage gar nichts. Atme aus und sage »Eins«, atme ein und sage nichts. Mit jedem Ausatmen sagst du einfach: »Eins ... Eins ... Eins.« Und sage es nicht nur, fühle auch, dass die ganze Existenz eins ist, eine Einheit ist. Wiederhole es nicht einfach nur, fühle es. Und wenn du dabei »Eins« sagst, wird es dir leichter fallen.

Mache diese Übung jeden Tag zwanzig Minuten lang und sorge dafür, dass du dich dabei von niemandem stören lässt. Du kannst die Augen öffnen und auf die Uhr schauen, aber stelle nicht den Wecker. Alles, was dich hochfahren lassen könnte, ist schlecht. Verbanne also das Telefon aus deinem Zimmer und es sollte in der Zeit auch niemand an deine Tür klopfen. Diese zwanzig Minuten musst du dich völlig entspannen können. Wenn es in deiner Umgebung zu laut ist, verwende Ohrenstöpsel.

Du kannst dir nicht vorstellen, wie ruhig, friedlich und gesammelt du wirst, wenn du bei jedem Ausatmen »Eins« sagst. Mache die Übung nur tagsüber, nie am Abend. Sonst bekommst du Schlafstörungen: Du wirst so entspannt sein, dass du gar nicht schläfrig wirst. Du wirst dich erfrischt fühlen. Am besten ist es, sie am Morgen oder auch am Nachmittag zu machen, aber nie am Abend.

Laotses Geheimnis

Ich werde euch jetzt eine geheime Überlieferung von Laotse verraten. Sie wurde nie niedergeschrieben, aber sie ist über die Jahrhunderte von seinen Schülern mündlich weitergegeben worden. Sie handelt von einer Meditationstechnik.

Laotse sagt: Setze dich mit gekreuzten Beinen hin. Stelle dir vor, dass in dir eine Waage ist – je eine Waagschale in jeder Seite der Brust. Der Zeiger ist zwischen deinen Augen an der Stelle, an der man das Dritte Auge annimmt. Die Aufhängung der Waage ist in deinem Gehirn. Laotse sagt: Sei dir dieser inneren Waage 24 Stunden am Tag bewusst und achte darauf, dass beide Waagschalen auf derselben Höhe sind und der Zeiger in der Mitte. Wenn du diese Schalen in dir im Gleichgewicht halten kannst, hast du das Ziel deiner Reise erreicht.

Es ist jedoch ziemlich schwierig. Du wirst merken, dass die Schalen schon beim leisesten Atemhauch auf und nieder gehen. Du sitzt still und plötzlich kommt jemand ins Zimmer und die Waagschalen gehen auf und nieder. Laotse sagt: »Bringe dein Bewusstsein ins Gleichgewicht. Gegensätze sollten ausgeglichen werden und der Zeiger stabil in der Mitte bleiben. Ob dir das Leben jetzt Glück oder Unglück beschert, Licht oder Dunkelheit, Ehre oder Schande bringt – achte nur auf dein inneres Gleichgewicht und stelle es immer wieder neu ein.«

Eines Tages wirst du das perfekte Gleichgewicht erreichen. Dort ist nicht das Leben, sondern die Existenz. Dort gibt es keine Wellen, sondern nur den Ozean. Dort gibt es kein »Ich«, sondern nur Alles.

Visualisiere den Buddha in dir

Für die folgende Übung sollte man sich wenigstens einmal am Tag die Zeit nehmen. Du kannst sie zu jeder Zeit machen, aber es ist gut, wenn dein Magen leer ist. Wenn der Magen leer ist, hat man mehr Energie zur Verfügung. Das heißt nicht, dass du hungrig sein sollst, sondern nur, dass dein Magen nicht zu voll sein sollte. Wenn du gegessen hast, dann warte zwei oder drei Stunden. Eine Tasse Tee ist gut; sie ist sogar sehr hilfreich.

Wenn du außerdem davor ein Bad nehmen kannst, ist es auch sehr gut. Nimm ein heißes Bad und dusche dich danach kalt ab. Erst weiche dich im heißen Wasser ein und dann dusche dich zwei Minuten kalt ab. Die kalte Dusche am Schluss wird dich optimal vorbereiten.

Dann mache dir eine Tasse Tee und setze dich hin. Mache es dir gemütlich. Wenn du auf dem Boden sitzen kannst, setze dich auf ein Kissen – dann sitzt du besser. Wenn es dir schwer fällt oder du nicht bequem sitzt, kannst du dich auch auf einen Stuhl setzen.

Entspanne den ganzen Körper und konzentriere dich auf die Mitte deiner Brust, genau auf die Mitte, wo die Rippen aufhören und der Magen beginnt. Schließe die Augen und stelle dir vor, dass dort eine kleine Buddha-Statue ist, nur die Umrisse einer Buddha-Statue. Du kannst dir auch ein Bild von einer Buddha-Statue ansehen, um es dir besser vorstellen zu können. Eine Buddha-Statue, die etwa fünf Zentimeter groß ist ...

Visualisiere, dass sie aus Licht gemacht ist und dass sie Strahlen aussendet. Lass dich ganz von ihr einnehmen; so wirst du leichter hineingehen können: Die Strahlen breiten sich aus und füllen deinen ganzen Körper.

Wenn du in der Buddha-Haltung auf dem Boden sitzen kannst, ist es eine große Hilfe, weil die Statue und deine Haltung übereinstimmen. Die Strahlen breiten sich aus und der ganze Körper füllt sich mit Licht. Dann breiten sich die Strahlen auch außerhalb des Körpers aus; visualisiere es innerlich. Jetzt erreichen die Strahlen die Decke und die Wände und bald gehen sie aus dem Raum hinaus. Sie breiten sich immer weiter und weiter aus. Lasse sie innerhalb von 15 Minuten das ganze Universum bedecken, so weit du es dir vorstellen kannst.

Großer Friede wird dich überkommen. Bleibe mindestens fünf bis zehn Minuten in diesem Zustand: Das ganze Universum ist von Strahlen erfüllt und sie alle gehen von deinem innersten Herzen aus. Bleibe zehn Minuten lang so. Versenke dich in diesen Zustand und spüre die Strahlen, spüre sie immer wieder und wieder. Das ganze Universum ist von diesen Strahlen erfüllt.

Danach werde allmählich wieder kleiner. So langsam, wie du dich ausgebreitet hast, gehst du jetzt wieder zurück. Komme wieder zu deinem inneren Buddha zurück, zu der kleinen Statue voller Licht.

Und dann lass sie ganz plötzlich verschwinden. Das ist genau der Punkt, der entscheidende Punkt in dem ganzen Prozess. Lass sie ganz plötzlich verschwinden, und es wird nur ihr Negativ zurückbleiben. Es ist genauso, wie wenn du lange zu einem Fenster hinschaust und dann die Augen schließt. Dann siehst du das Negativ des Fensters. Die ganze Zeit war die Buddha-Statue da, voller Licht – und plötzlich lässt du sie ganz abrupt verschwinden. Eine dunkle Buddha-Statue wird zurückbleiben, ein Negativ der Statue, Leere. Bleibe mindestens fünf bis zehn Minuten in diesem Zustand, in diesem Loch, in dieser Leere.

In der ersten Phase, in der sich die Strahlen über das ganze Universum ausbreiten, kannst du großen Frieden verspüren, den du vielleicht noch nie zuvor erfahren hast. Und wirst eine Ausdehnung erfahren, ein Gefühl, dass du riesengroß geworden bist und das ganze Universum in dir ist.

In der zweiten Phase wirst du statt Frieden Seligkeit empfinden. Wenn sich die Buddha-Statue in ihr Negativ umgekehrt hat und alles Licht verschwunden ist und nur noch Dunkelheit und Stille da sind, bist du ganz ohne Grund einfach selig! Es breitet sich Wohlbefinden in dir aus – bleibe darin.

Diese Übung sollte nicht viel länger als 45 Minuten dauern, eine dreiviertel bis zu einer Stunde.

Du kannst sie auch abends auf dem Bett machen, bevor du dich schlafen legst. Das ist die beste Zeit. Mache sie und schlafe danach gleich ein, damit dieser Zustand die ganze Nacht in dir nachklingen kann. Die Buddha-Statue wird in deinen Träumen erscheinen und du wirst die Strahlen spüren können. Am Morgen wirst du merken, dass dein Schlaf eine ganz andere Qualität hatte. Es war nicht einfach nur Schlafen, etwas Positiveres als Schlaf war auch da. Eine Präsenz war da. Du wirst dadurch viel frischer, viel aufgeweckter werden und mehr Ehrfurcht gegenüber dem Leben haben.

Finde deinen inneren Nullpunkt

Mache vor dem Schlafengehen folgende Übung: Lege dich aufs Bett und schließe die Augen. Stell dir eine schwarze Tafel vor, so schwarz, wie es geht. Visualisiere danach dreimal auf dieser Tafel die Zahl Drei. Stelle sie dir vor, dann lösche sie weg, stelle sie dir noch einmal vor und lösche sie wieder, dann stelle sie dir ein drittes Mal vor und lösche sie. Dann visualisiere dreimal die Zahl Zwei. Danach dreimal die Zahl Eins. Und dann dreimal die Zahl Null. Wenn du bei der dritten Null angelangt bist, wirst du große Stille erfahren, wie du sie vielleicht noch nie empfunden hast.

Und eines Tages wirst du dabei in absolute Stille versinken, als hätte sich plötzlich die ganze Existenz aufgelöst und nichts ist da. Das wird ein tiefer Einblick für dich sein.

Mache diese einfache Übung abends vor dem Schlafengehen. Lege dich dabei auf dein Bett. Aber vergiss nicht, bis zum Ende zu gehen, denn erst dann kommt so viel Stille. Es ist eine ganz einfache Methode und sie dauert nicht länger als zwei bis drei Minuten. Aber es besteht die Gefahr, dass du einschläfst, bevor du damit fertig bist. Versuche, sie bis zum Schluss zu machen. Schlafe nicht ein, die dritte Null muss vorher erscheinen! Und beeile dich nicht, sondern lass dir Zeit und sei liebevoll.

Meditationsurlaub in Indien in der Osho Commune International

Die Osho Commune International in Indien ist heute ein Erholungs- und Meditations-Zentrum, das Osho als Oase der Ruhe und Entspannung gründete, um seine Lehren in die Praxis umzusetzen. Das Zentrum befindet sich in Pune (früher Poona), 140 Kilometer südöstlich von Bombay, einstmals eine Sommerfrische, heute eine moderne Industrie- und Universitätsstadt.

In dem Zentrum, das sich auf einem etwa 128 000 Quadratmeter großen Gelände in einem sehr grünen Stadtteil mit dem Namen Koregaon Park befindet, werden moderne wie traditionelle Meditationstechniken angeboten, und es zieht jährlich Tausende von Besuchern aus über hundert Ländern an.

Zur Unterbringung der Besucher gibt es in der Umgebung der Commune ein breites Angebot an Hotels, privaten Zimmern und Wohnungen und außerdem ein luxuriöses Gästehaus auf dem Gelände des Zentrums.

Alle in dem Zentrum angebotenen Meditationsprogramme wurden speziell für den modernen Menschen entwickelt. Die Methoden dienen der persönlichen Transformation, die mehr Entspannung, ein höheres Bewusstsein und mehr Stille und Ruhe in unser Leben bringt. Die angebotenen Meditationen beginnen morgens um 6 Uhr und enden abends um 22 Uhr. Alle Aktivitäten, einschließlich Einzelsitzungen, Gruppenworkshops und Kurse werden das ganze Jahr über angeboten, wobei die meisten in klimatisierten Räumen stattfinden.

Auf dem Gelände befinden sich auch der »ClubMed« (»Med« wie Meditation), eine schöne Schwimm- und Sportanlage, wo man im Zen-Stil, das heißt auf meditative Weise, Fitness und Erholung findet.

In den Gartenrestaurants und Cafés auf dem Gelände der Commune gibt es vegetarisches Essen, wobei sowohl die traditionelle indische Küche als auch verschiedene internationale Gerichte angeboten werden. Das Gemüse stammt aus biologischem Anbau von Feldern der Commune. Es gibt auf dem Gelände der Commune außerdem gefiltertes Wasser, das ohne Bedenken von westlichen Besuchern getrunken werden kann.

Die ausführliche Internetseite www.osho.com bietet in verschiedenen Sprachen Informationen über das Meditationszentrum in Pune, über Bücher, Kassetten und Videos, über Osho Informationszentren weltweit sowie Auszüge aus Oshos Vorträgen.

Meditation Resort
Osho Commune International
17 Koregaon Park
Pune 411 011 (MS)
Indien
Tel. +91-20-628 562
Fax. +91-20-624 181
E-Mail: osho-commune@osho.org

Weitere Informationen

Die Website des Autors bietet in mehreren Sprachen einen detaillierten Überblick über Oshos Werk, seine Meditationen und das Osho Meditationszentrum in Pune/ Indien

www.osho.com

Diese umfangreiche Website informiert Sie – auch in deutscher Sprache - über weitere Bücher, Audio- und Videokassetten. Weitere Antworten auf Fragen über Meditation sind unter der Rubrik »Häufig gestellte Fragen« auf der Website www.osho.com (im englischen Original) zusammengestellt.

Der Besucher findet hier eine detaillierte Einführung in die Meditation mit praktischen Videoclips und Erläuterungen.

Osho International
New York, USA
Tel. +1-212-5889888
osho-int@osho.com
www.osho.com

Osho
Meditationsführer

ISBN 3-442-21609-5

Osho hat sich darum verdient gemacht, die östlichen Weisheitstraditionen dem westlichen Kulturkreis zu erschließen. In diesem Band gibt er einen Überblick über das ganze Spektrum der Meditationswege und bietet die spirituellen und praktischen Anleitungen für die heilende Erfahrung der inneren Transformation.

ARKANA
GOLDMANN